Editorial
NUN

En busca del cuerpo personal

Más allá de la naturaleza y la subjetividad

Ficha bibliográfica

Diego Armida, Andrea
Vargas Pérez, Alberto I.

En busca del cuerpo personal. Más allá de la naturaleza y la subjetividad

1a. edición, 2021

Versión impresa ISBN: 978-607-99522-1-1
Versión digital ISBN: 978-607-99522-2-8

Editorial NUN
Colección Dignitas Humana

Impreso en la Ciudad de México, en octubre de 2021
Formato: 15 × 21 cm

196 pp.

Editorial NUN
Es una marca de Editorial Notas Universitarias, S. A. de C. V.

Xocotla 17, Tlalpan Centro II, alcaldía de Tlalpan, C. P. 14000, Ciudad de México

www.editorialnun.com.mx

Versión impresa. ISBN: 978-607-99522-1-1
Versión digital. ISBN: 978-607-99522-2-8

El contenido de este libro es responsabilidad de los autores

Comentarios sobre la edición a
contacto@editorialnotasuniversitarias.com.mx

Dirección editorial y diseño de portada: Miryam D. Meza Robles
Cuidado de edición: Felipe G. Sierra Beamonte
Corrección de estilo: Lorena García Contreras, Rafael Yáñez
Formación: Carlos Arturo Vela Turcott

Impreso en México

En busca del cuerpo personal

Más allá de la naturaleza y la subjetividad

Andrea Diego Armida

Alberto I. Vargas

DIGNITAS HUMANA

El hombre alcanza la espontaneidad más madura y profunda, con la que su "corazón" [...] redescubre la belleza espiritual del signo constituido por el cuerpo.

Juan Pablo II, *La redención del corazón. Catequesis sobre la pureza cristiana* (2002)

Índice

Prólogo 13

Introducción 15

1. La crisis del significado del cuerpo 21
   - A. Los síntomas sociales en Occidente 21
     1. Distinciones corporales prohibidas 23
     2. La utilidad comercial del cuerpo 32
     3. Apetitos y pulsiones como referente identitario 36
   - B. La estructura antropológica de la crisis 41
     1. Fragmentación de la cosmovisión 47
     2. Enajenación social 48
     3. Rechazo a la filiación 51

2. El significado del cuerpo en la modernidad 55
   - A. Análisis y subjetividad como método moderno 55
     1. El anatomismo europeo y el hombre cartesiano 60
     2. El cuerpo sometido a sospecha 63
     3. La disolución del espíritu 66
   - B. Tres vertientes enigmáticas sobre el cuerpo 69
     1. Herramienta de dominio 71
     2. Aparato de impulsos 75
     3. Disolución en un devenir 80

3. El significado del cuerpo en la antigüedad clásica 91
A. La naturaleza como eje de la antropología clásica 91
1. El cuerpo como componente de la esencia humana 95
2. El cuerpo como generación y corrupción humana 102
3. El cuerpo como causa de la diferencia sexual 108
B. Las aportaciones del enfoque metafísico a la crisis 112
1. La esencia humana como realidad cognoscible 114
2. La unidad del cuerpo y el alma 116
3. El influjo de la libertad en el cuerpo como ignoto 119
4. La novedad cristiana en el significado del cuerpo 123
A. De la naturaleza al ser personal 123
1. Génesis de la distinción naturaleza y persona 126
2. Cuerpo como irrupción novedosa en el tiempo 137
3. Cuerpo como apertura con destinatario 140
B. El cuerpo en apertura personal 145
1. Cuerpo recibido de la fecundidad de los padres 148
2. Cuerpo aceptado desde la esencia 154
3. Cuerpo en donación personal 166
Conclusiones 179
Referencias 187

Prólogo

Si usted tuviera dudas o preguntas sobre algún tema relacionado con su cuerpo, ¿a quién acudiría? La respuesta depende de lo que le interesara saber respecto a su cuerpo. Si su interés está relacionado con su apariencia, quizá indagaría desde la perspectiva de un fotógrafo o tal vez la de un especialista en moda y estilo. Si su pregunta fuera a cerca del funcionamiento de su cuerpo averiguaría teorías biológicas o, incluso, como suele ser común, cuando se tienen preguntas referidas a la salud, se le pregunta directamente a un médico. Pero, ¿qué preguntas le haría a un filósofo sobre su cuerpo?, ¿hay algo de interés que podría responder al respecto este tipo de personas?

El título de este libro nos da un indicio: *En busca del cuerpo personal*. ¿Qué es un "cuerpo personal"? ¿Qué es una persona? En efecto, todos sabemos que somos "alguien" en lugar de "algo"; que somos "alguien" particular y único, con nombre y apellidos. Además, tenemos la experiencia de ser alguien que se relaciona con otras personas. ¿Qué implica todo esto en nuestro cuerpo?

Como explican la autora y el autor en la primera parte de este libro, nos encontramos en una "crisis" antropológica. Si tienen razón, entonces lo más probable es que muchas personas sean escépticas sobre la contribución que puede tener su propio trabajo, o incluso la filosofía en general, con respecto a la situación social actual. Los autores destacan que esta crisis afecta la forma en que concedemos importancia a nuestros cuerpos, pero afecta igualmente a la manera en que abordamos nuestra vida. En ese sentido, es un acierto de los autores detectar la urgencia de pensar cuestiones como el significado de nuestros cuerpos y su sentido personal.

Si tienen razón, la filosofía puede contribuir realmente a nuestra comprensión de nosotros mismos, y esta comprensión a su vez afectará la forma en que vivimos nuestras vidas y la forma en que nos organizamos en la sociedad. Nada de eso tendrá lugar a corto plazo, por eso su propuesta es una invitación de largo plazo. Precisamente es por ello que este libro puede considerarse como una línea de reflexión con una trascendencia profunda que no es fácil alcanzar, pero sí muy necesaria. Como dicen los autores respecto de su libro: "Es el fruto de la investigación y diálogos de varios años entre los autores sobre los diversos enfoques que los principales filósofos de la historia han hecho sobre este asunto tan difícil y esquivo".

A nuestro parecer, el cuerpo humano es posiblemente la temática filosófica más difícil de abordar metódicamente, y en buena medida es el tema filosófico de nuestra época. Por eso considero que tenemos un libro minuciosamente pensado y dialogado, con la intención de ayudar a las personas a alcanzar a largo plazo una visión más profunda de sí mismas, y muy especialmente de su cuerpo.

¿Debe usted leer este libro filosófico sobre el cuerpo? Todo lo que puedo decir es: con toda libertad. Es posible que el enfoque sea inusual para usted, que sus implicaciones no sean inmediatamente evidentes; sin embargo, más que para ser leído, este libro está pensado, si se me permite, para ser masticado y los nutrientes que puede obtener sólo usted puede descubrirlos. Espero que se quede con tan buen sabor de boca como yo.

Dr. Daniël Bernardus van Schalkwijk
Biólogo teórico y profesor de Biología sistémica
Amsterdam University College

Introducción

El texto que el lector tiene entre manos es una primera exploración sobre la realidad corporal humana. Es el fruto de la investigación y diálogos de varios años entre los autores sobre los diversos enfoques que los principales filósofos de la historia han dado a este asunto tan difícil y esquivo. A nuestro parecer, *el cuerpo humano es posiblemente la temática filosófica más difícil de abordar metódicamente y en buena medida es el tema filosófico de nuestra época.* El libro contiene el pensamiento de diversos pensadores de alta envergadura con una lectura específica entorno al problema del cuerpo. Se han ordenado no cronológicamente ni por orden de importancia; sino a partir de las coordenadas antropológicas desde las que pueden comprenderse las aportaciones y sus consecuencias al estudio del *cuerpo personal*.

En esta investigación entramos en diálogo con las principales propuestas y soluciones que a lo largo de la historia del pensamiento se han dado sobre el enigmático asunto del cuerpo. Con ello, no pretendemos exposiciones exhaustivas, especializadas ni tampoco estrictamente rigurosas sobre cada postura, sino un aprovechamiento en orden de la exploración en vías de dar una *panorámica* que permita *proseguir* la investigación con mayor fecundidad y profundidad, evitando caer prematuramente en errores desajustados. Nuestro enfoque apunta fundamentalmente a desentrañar el significado del propio cuerpo en unas coordenadas filosóficas razonables, con el fin de suavizar las *confusiones* bastante generales, los *reduccionismos* establecidos y los *idealismos* exagerados, y así sentar una plataforma de despegue para posteriores investigaciones.

De esta manera, aunque no se trata de un libro sistemático que pretende una teoría completa o terminal sobre el modo en que se puede comprender la problemática de la corporalidad, sí propone un modo original de plantearse esta temática tan compleja. Tal planteamiento se inspira en la propuesta del filósofo contemporáneo Leonardo Polo que sintetiza los diversos enfoques antropológicos en *tres grandes radicales* en torno a la noción de libertad: la griega antigua, la cristiana y la moderna. Se trata de tres maneras de enfocar lo más alto y profundo en el hombre; en principio, ninguna de ellas es falsa, pero el reto será conseguir verlas como compatibles. En cada una se descubren verdades profundas sobre el hombre cuya diversidad conviene jerarquizar con el propósito de alcanzar su compatibilidad; y para que sean compatibles, es necesario que una sea más radical que otra, lo cual, a su vez, requiere un orden: descubrir en qué se distinguen y cómo tener en cuenta a todas esas verdades.

La inquietud latente en el texto es la pregunta por el *significado del cuerpo en la identidad personal*. Somos conscientes de que el abordaje teórico propio de la filosofía no es único ni suficiente para enfrentar la problemática; sin embargo, tenemos claro que es indispensable para reintegrar la corporalidad a la visión de la persona humana y para relanzarla al más amplio espectro de su significado tanto en la propia naturaleza como en la propia biografía y, mucho más aún, en el proyecto personal de vida que cada persona en concreto busca alcanzar.

La historia de la antropología filosófica es amplia y repleta de matices: es un campo abierto y de especial relevancia en nuestra situación histórica. Con esta investigación esperamos estimular esfuerzos intelectuales que apunten a una comprensión más integral del hombre y concretamente de su cuerpo, *recuperando* y *rectificando* los esfuerzos del pasado, pero, sobre todo, apuntando líneas de *innovación* aún por explorar. El siglo XXI es un momento de gran riqueza en diversos ámbitos y, en cuanto al pensamiento de la persona sobre sí misma, puede considerarse que hoy requiere de un modo especial comprender a *ese gran desconocido* que es su propio cuerpo.

El significado del cuerpo es a la vez un problema clásico y contemporáneo en la historia del pensamiento y sobre todo un *problema personal no sólo con respecto al modo de vivir en el mundo sino sobre todo con respecto al sentido de la propia existencia*. Hoy este asunto se encuentra debatido en el ámbito de la filosofía y también, tal vez con mayor intensidad existencial, en la política, la economía, la vida social, la familia y especialmente en la propia intimidad.

Por lo anterior, nos parece urgente establecer *un mapa de aproximación* a esta problemática, teniendo como brújula y lente de primer orden la condición personal del hombre y con ella, la antropología filosófica. Estamos conscientes de que si se carece de un enfoque antropológico rico y trascendente, las comprensiones y estudios sobre el cuerpo se introducen en callejones sin salida, abriendo paso a los llamados daños colaterales o efectos perversos.

En tal tesitura, el ser humano se introduce en una dinámica de escisión fragmentaria que le imposibilita la vida y le oscurece el sentido personal, inclinándolo a la desesperación y la soledad. Nos parece que hay que evitar posturas reduccionistas sobre el hombre, las cuales, en definitiva, lo conducen a una crisis individual y social, así como antropológica y existencial.

Adelantamos que nuestra investigación esboza el descubrimiento de que la *libertad de donación* es hilo neurálgico de la existencia humana y clave central para descubrir el significado del cuerpo personal. Este enorme desafío no solamente reside en la temática que aquí se aborda, sino en la necesidad de establecer un camino metodológico suficientemente riguroso que pueda ser acogido desde la alta complejidad en que vive el hombre contemporáneo. La presente situación histórica pone de manifiesto una considerable disputa entre el humanismo clásico y el sujeto moderno que nos deja inmersos en una situación de perplejidad bastante generalizada.

El *punto de arranque* de la investigación será la crisis contemporánea entendida como una *fractura* entre el cuerpo y la identidad personal. Actualmente, muchos grupos pseudointelectuales, políticos y económicos plantean una falsa igualdad de derechos que supuestamente puede alcanzarse por medio de la abolición de las diferencias obvias de la corporalidad. Se pretende que los cuerpos de mujeres y hombres, de niños, jóvenes y adultos de las diferentes razas, no tengan diferencias naturales, no existan o no signifiquen nada. Hoy se propaga peligrosamente una *quimera de lo neutro* como modelo humano, además de que las distinciones entre sexos, razas y edades se consideran, en todo caso, elegibles y sujetas a una deconstrucción al gusto.

Por otro lado, nos encontramos con un *endiosamiento del propio cuerpo* que deriva rápidamente en estereotipos masificados, los cuales dejan a todo mundo fuera del ideal y, por su agresivo materialismo, anulan las energías espirituales del hombre. Este trabajo intenta mostrar cómo la confusión, negación o separación de las diversas realidades humanas empequeñecen la propia vida y oscurecen el significado del propio cuerpo, unas por defecto, otras por exceso e incluso, algunas por omisión o ignorancia.

Entre los supuestos de toda investigación está que las ideas tienen consecuencias y no hay mejor práctica que una buena teoría, pues la teoría es vida en su forma más alta. De ahí que un *enfoque reduccionista* de la persona y su cuerpo conduce, sin duda, no sólo a un reduccionismo teórico, sino a una real reducción de la vida que en ocasiones se torna fatal.

En estos tiempos tenemos el reto de asumir el patrimonio tanto del mundo clásico como del moderno, aunado a la aportación sapiencial del cristianismo que tanto valora a la persona y a su cuerpo. Se trata de un trabajo de *síntesis* que requiere unas coordenadas básicas, mismas que buscamos ofrecer aquí. Entre estas necesidades de síntesis se encuentran los fascinantes avances de la investigación neurocientífica que en este trabajo aún no son consideradas y, por tanto, quedan por realizarse en una segunda navegación, junto con las aportaciones de otras disciplinas. En este sentido, tenemos la esperanza de que el problema de la corporeidad humana lejos de ser un enigma, se pueda descubrir como un misterio donde las respuestas aún están por venir si la libertad humana se aplica a ello.

Como ya se ha indicado antes, un segundo tiempo de este libro consiste en recabar la propuesta moderna del cuerpo *subjetivo* donde la individualidad, la conciencia, el yo y la cultura tienen un rol central en la constitución de la propia corporalidad. En ese tenor, la *experiencia* de la propia vida se presenta como un método luminoso para establecer en algún grado la autonomía tan deseada por la modernidad.

El objetivo del tercer capítulo de este libro es recuperar la noción de naturaleza propia de la metafísica clásica, pues actualmente esta noción ha sido olvidada o distorsionada en muchos círculos intelectuales. Nos parece que esta comprensión del cuerpo, en ningún caso, puede ser dejada de lado en lo que se refiere a cualquier tipo de exploración sobre el hombre. Así, la filosofía griega establece bases firmes para comprender la corporalidad como *principio de individuación*, en dualidad con el alma y en cierta armonía con el cosmos, y con la sociedad humana, en tanto universal. En esta línea, es conocida la vieja disputa antropológica entre naturaleza, cultura y libertad que aquí buscamos recuperar y posicionar como estructural en nuestra especulación y narrativa.

Por último, la comprensión cristiana de la persona y el cuerpo es un tercer tiempo en la investigación. A la luz de sus aportaciones, el cuerpo *personal* alcanza una nueva dimensión de significado tomando en cuenta la novedad de cada quien: el orden de la libertad y del amor. La distinción entre persona y naturaleza se torna imprescindible para ahondar el significado donal de cuerpo humano; por tanto, se vuelve indispensable la arqueología de dicha distinción, comenzando por los padres capadocios y su noción de *hipóstasis* que es inseparable de la relacionalidad y apertura a otras personas y especialmente a Dios. Desde esta perspectiva, se presenta el reto de aprovechar el pensamiento analítico y ampliar el metafísico para llegar a realidades trascendentes a la esencia y la mismidad: a la persona como una realidad *además de la naturaleza y la subjetividad*.

La presente investigación abarca la corporalidad humana en tanto que es natural, subjetiva y sobre todo personal. Se aproxima a la naturaleza desde la propuesta clásica que comprende a la realidad humana en dualidad de sustancia y accidentes, en materia y forma, en esencia y existencia. Además, dialoga sobre las innovaciones, críticas y consecuencias de algunas propuestas modernas que intuyen la necesidad de poner en juego la subjetividad del individuo en el pensamiento antropológico y en la comprensión de la propia corporalidad. Finalmente, aprovecha la aportación del pensamiento cristiano que realza la intimidad y dignidad desde la que se puede trascender el ámbito natural y el subjetivo, abriendo paso a un cuerpo personal que es llamado a la donalidad.

En definitiva, esta investigación respecto a la corporalidad acoge la dotación inicial recibida de los padres que se va configurando en la biografía personal en subsistencia con otros; pero, especialmente, tomando en cuenta la apertura a las relaciones amorosas en las que se entretejen los vínculos permanentes y el proyecto personal de vida. Se trata del *éxodo personal* desde el vientre materno a la trascendencia propia de la donación.

1. La crisis del significado del cuerpo

A. Los síntomas sociales en Occidente

Cada quien, independientemente de la situación en la que se encuentre, puede reconocer en su vida momentos *crisis*; toda persona humana transita por umbrales inevitables de cambios caóticos que le implican rearticularse. Algunas de las crisis son consecuencia de cambios ajenos, mientras que otras son del ámbito de la interioridad e incluso estrictamente íntimas.

Más aún, conviene aceptar que el paso por esta vida es una situación de crisis permanente. Como contraparte, la vida personal, que está abierta al *crecimiento*, experimenta una continua reorganización y novedad: mientras se vive, se puede crecer, lo que implica reorganizarse mejor, es decir, traspasar la crisis. Debido a que la vida humana no se reduce a su materialidad, sino que es libre, podríamos decir que la posibilidad de crecimiento es *irrestricta*. Sin embargo, tal dinamismo exige también la posibilidad de decrecer, de perturbar la vida. La desorganización vital, especialmente el decrecimiento de la persona, sucede cuando no encuentra o genera alternativas de crecimiento: es en ese momento en el que podríamos decir que se encuentra en una situación de crisis, una situación de detención.

Vivimos una época caracterizada por la crisis y más todavía por la conciencia de ésta, la llamada *conciencia crítica*. En toda crisis humana encontramos síntomas manifiestos; en este sentido, el cuerpo se presenta primeramente como un ámbito de manifestación exterior, y por tanto, referencia de cualquier sintomatología humana. Caben pues síntomas que, por ejemplo, indiquen enfermedad, la cual es manifiesta primariamente en el ámbito corporal. El hombre es un ser capaz de enfermar, pues su crecimiento y organización vital no está garantizada. Por un lado, este tipo de síntomas son generalmente molestos, incómodos y a veces hasta dolorosos; por otro, son necesarios para saber que se requiere una revisión.

Caben también otras dimensiones manifestativas como el ámbito de la cultura y la sociedad. Actualmente, el mundo occidental presenta evidentes síntomas de enfermedades de índole sociocultural y política que la propia teoría crítica ha denominado *patologías sociales*.[1]

Las relaciones entre las personas se sitúan de modo reiterado hacia alternativas que generan caos en los vínculos sociales. Algunos de estos síntomas pueden detectarse como un empobrecimiento generalizado y una disminución de la actividad social en detrimento del crecimiento personal. Junto con el paulatino envejecimiento, la repetida opción por alternativas erróneas o mediocres en cuestiones de salud, educación, movilidad y organización sitúan a la persona en un estado de crisis. Obviamente, tal situación no parece resolverse en sus mismas coordenadas, desde una perspectiva sociológica, psicológica, política, económica o cultural. Los problemas humanos se resuelven siempre por *elevación*; es por esto que quizá sea necesario llegar prematuramente a la conclusión de que los problemas humanos requieren de una perspectiva antropológica.

El acercamiento antropológico siempre precisa intentar asomarse con mayor hondura a cada una de sus dimensiones; en nuestro caso, exploraremos la corporalidad humana desde una perspectiva filosófica. En nuestros días, asistimos a una crisis de la propia corporalidad

[1] Cfr. Jürgen Habermas, *Teoría de la acción comunicativa*, Madrid, Taurus, 1992, pp. 161-260; Cfr. también: Konrad Lorenz, *Civilized man's eight deathly sins*, Nueva York, Harcout, 1974; *The waning of humaneness*, Boston, Little Brown, 1983.

humana, y con ella, una crisis de la identidad personal. A nadie se le escapa esto, sin embargo, no se hacen evidentes los criterios teóricos para abordar el asunto.

Comencemos con una exposición sencilla de los síntomas de malestar en el hombre y la sociedad contemporánea, no con el fin de ser exhaustivos, pero sí para indicar la relevancia de las cuestiones que se tratarán más adelante.

1. Distinciones corporales prohibidas

La complejidad del acercamiento a la significación de la corporalidad humana es una característica de nuestra época. La indicada crisis contemporánea se presenta a simple vista como social y cultural, en el mejor de los casos. No obstante, desde una aproximación más profunda, es válido entenderla como una manifestación de crisis antropológica, una del estatuto personal del hombre y su intimidad. Desde esta perspectiva, posiblemente el sentimiento más claro de nuestra generación sea la *perplejidad* con respecto a la identidad personal y el propio cuerpo. Oscilamos entre la identidad, la confusión o la indiferencia de la relación cuerpo-persona y desde ella, entre naturaleza, cultura y libertad.

Acudir a tales distinciones permite establecer un terreno común en orden a la comprensión del viviente humano. El problema del cuerpo está íntimamente ligado al problema de la identidad, además apuntar a la originaria libertad gracias a la que el hombre es capaz de identificarse. La confusión tan general en torno a las distinciones sobre el cuerpo ha conducido a que diversas sociedades y culturas estén condicionadas por este problema antropológico.

Si bien nos anteceden siglos de discriminación donde las diferencias humanas se exageraban en detrimento de la dignidad humana, a nadie se le oculta la ideologización de la llamada diversidad identitaria y corporal. De la mano, se encuentra la promoción cuasi dogmática de la neutralidad en la lógica de todo vale lo mismo. Hoy está políticamente prohibido hacer indicar distinciones entre varones y mujeres, entre niños, jóvenes y adultos, entre las características raciales humanas. Se propaga peligrosamente una *quimera de lo corporal entendido como neutro* y que las distinciones entre sexos, razas y edades se consideran, en todo caso, elegibles y sujetas a deconstrucción al gusto. Puede decirse que mientras que la diversidad subjetiva se defiende y celebra: *la diversidad que deviene de la naturaleza está prohibida*. Se promueve la idea de que la vida humana no presente diferencias por sí misma, o bien, las diferencias nada significan en quién es quién. En buena medida, las únicas distinciones que aparecen como prohibidas son las que se refieren al cuerpo; no se permite abogar por las distinciones significativas que el cuerpo manifiesta, de modo que se abre paso *una modalidad distinta de discriminación que masifica*.

Ante la desorientación global que supone obviar las distinciones corporales y pretender el ideal igualitario se pierde el sentido de la alteridad y con ella, de la relacionalidad humana. En este sentido, nos resulta útil seguir algunas indicaciones del psiquiatra canadiense Tony Anatrella[2] y el filósofo francés Fabrice Hadjad.[3]

Efectivamente, la diferencia mujer-varón se ha vuelto prohibida y la profundidad de los sexos está aún inexplorada. En nuestros días, *vivimos el reino de los iguales en el que se reina en uno, el sí mismo* y la relación no es más que una extrajera indeseable. En el mundo de los cuerpos neutros, la dualidad que se presenta más subestimada es la que se refiere al sexo: ser mujer y ser varón. Paradójicamente, después de la liberación sexual hablar de sexo parece peligroso. Desde el oscurecimiento en esta distinción sexuada, la corporalidad se mira en un espejo roto y carente de referencia: una corporalidad *líquida*. Se comprende la sexualidad como un supuesto abanico infinito de posibilidades llamado socioculturalmente "diversidad sexual" a modo de coctel *rockanrolesco*. Hoy, se hace especial énfasis en la libre manifestación sexual, pero se omite cualquier referencia con el punto de partida. Se supone que las posibilidades sexuales en el cuerpo son literalmente infinitas y todas, de algún modo, insignificantes; con

---

2 Cfr. Tony Anatrella, *La diferencia prohibida. Sexualidad educación y violencia. La herencia de mayo de 1968*, Madrid, Ediciones Encuentro, 2008; *El sexo olvidado*, Maliaño, Sal Terrae, 1994; *Contra la sociedad depresiva*, Maliaño, Sal Terrae, 1994.

3 Cfr. Fabrice Hadhadj, *La profundidad de los sexos. Por una mística de la carne*, Granada, Nuevo Inicio, Encuentro, 2010; *¿Qué es una familia? La trascendencia en paños menores y otras consideraciones ultrasexistas*, Granada, Nuevo Inicio, 2015.

ello, se sostiene que el cuerpo nada tiene que decir de la vida personal. Cuerpo y persona se encuentran escindidos.

Proponiendo la llamada *odredad* (neutro de maternidad y paternidad), se omite en la educación y crianza de los hijos de la maternidad y paternidad propias de la diferencia mujer-varón. Como secuela de tal omisión, se diluyen también todas las relaciones y vínculos afectivos propios de la familia: abuelos, tíos, primos, etcétera. De igual forma, se promueve a la mujer, pero se le excluye de su maternidad, como si se dijera: "te quiero mujer pero no te quiero madre", y lo mismo para el varón. En tal tesitura, el niño carece de *acogida* materna que lo introduce en una considerable inseguridad vital y además carece de *reto* paterno que lo introduce en una pereza del confort.

La negación de un cuerpo maternal es muy problemática en el desarrollo infantil por razones obvias que la ciencia contemporánea no deja de indicar continuamente. Piénsese de entrada, por ejemplo, en la lactancia materna; por su parte, el reto propio del juego es la invitación al infante para salir de sí. Así como es necesaria la participación en el cuidado de las necesidades de conservación de la persona, la participación en el juego es de severa importancia en el desarrollo de los primeros años. La existencia de un mundo fuera de sí permite establecer la relación con los objetos: la *objetividad*. Por tanto, es necesaria dicha confrontación –propia del varón en su función paternal– para madurar esa posición psíquica y enfrentar la objetividad del mundo y sus leyes; en la misma línea, es necesaria la interpretación propia de la mujer de las necesidades de los hijos en su función maternal para promover el cuidado y satisfacción de las mismas. El esfuerzo de mujer y varón, en tanto que madre y padre, permite en suma la *estabilidad afectiva* básica para desarrollos posteriores, y tal esfuerzo, depende en buena medida de la dotación corporal de cada uno y en ningún caso al margen de ella.

En nuestro tiempo, es frecuente detectar adultos que carecen de la capacidad de representar e interpretar el mundo donde viven en cuanto su potencial y sus adversidades, así como de distinguir el sentido de sus leyes. Uno de los muchos aspectos causales a los que se puede atribuir dicha incapacidad de los adultos de aceptar que la realidad tiene un modo de ser, independientemente de cómo les haga sentir esto, está relacionado con la ausencia de alteridad sexual en la crianza. En la actualidad, la permanencia del narcisismo y el subjetivismo emocional en el que tantas personas permanecen se relaciona fuertemente con la falta de un varón como la figura paterna en el desarrollo.

Por una parte, la ausencia del varón en su rol paternal se manifiesta en la actitud de autoconservación de los infantes. La ausencia de alteridad sexual en el desarrollo de un individuo se encuentra relacionada con la pandemia sociocultural de subjetivismo emocional. También es posible encontrar relación en la proliferación de confusiones en la identidad sexual, así como las adicciones masivas a la pornografía, la masturbación y la experimentación afectiva con narcisismo y soledad infantil, lo cual, con frecuencia, se consolida en la edad adulta.

Por otra parte, se sabe muy poco sobre la ausencia de la mujer como figura materna. Apenas se comienza a explorar las consecuencias de la ausencia de la madre en los primeros años de desarrollo infantil; esto porque existen pocos casos en los que una mujer no es la figura materna, cosa que no solía pasar con la figura paterna. Difícilmente se puede saber qué síntomas corresponderán a los casos de adopción legal por parte de dos varones y la fecundación asistida con vientres subrogados. Nos hemos introducido en una transformación social de imprevisibles efectos colaterales; son fenómenos sociales demasiado recientes como para tener muestras suficientes de hijos sin una mujer como figura materna. Asimismo, rarísimos son los casos de familias monoparentales que carezcan de la madre, la gran mayoría se trata de la ausencia del padre; sin embargo, es altamente probable que los experimentos sociales de hijos sin mujer como figura materna muestren en unos años un caos psicoafectivo como consecuencia.

Dada la pérdida de sentido de la alteridad *corporal*, la distinción sexual masculino-femenina se oscurece y con ello también se pierde el sentido de la relación mujer-varón. Una manifestación clara es que social, cultural y legalmente parece no haber distinción entre la unión conyugal y el contrato consensuado entre dos adultos conscientes en la compra venta de una propiedad. Las relaciones de pareja se comprenden como un contrato donde dos personas acceden a los beneficios y responsabilidades que dicho contrato confiera por el tiempo que dure. Es decir, sin el sentido de la complementariedad sexual, la relación de pareja entre personas toma el mismo sentido que la mayoría de contratos humanos en un contexto capitalista: acceder a bienes. El problema es que si la relación de pareja no se significa en la complementariedad dual sexual propia de la naturaleza humana; entonces, se significa socialmente, desde el marco político en el que se da expensas de cualquier moda o fluctuación arbitraria.

De ser así, la relación de la que se originan los hijos se estructura en un intercambio de satisfacción de los propios deseos eróticos y necesidades narcisistas; por lo que dentro de las familias, las parejas no soportan atravesar por las crisis de crecimiento que supone cualquier vínculo interpersonal de vida. Los hogares fundados en una relación utilitaria tienen como consecuencia frecuente abusos,[4] acosos, abandonos, injusticias y rechazos, tanto físicos como psicoafectivos, por parte de los padres y como constante en la biografía personal. Es decir, si los hijos se entienden desde la perspectiva del consumo, se abre la puerta a darles el trato que se le da a cualquier propiedad, en consecuencia, su valor refiere a una utilidad subjetiva, por más loable que sea.

Algunas consecuencias que pueden fácilmente relacionarse con este problema son el masivo voyerismo digital o adicción a la pornografía, la práctica de sadomasoquismo y mutilaciones voluntarias, la promoción de supuestas identidades homosexuales en infantes y los actos de masturbación compulsiva. Todos estos fenómenos contemporáneos con respecto a la corporalidad humana tienen un terreno común, a saber, la carencia afectiva en la infancia.

Como se ha dicho, la alteridad sexual está cargada de significado aún por explorar. En la crianza, se provee desde la mujer –en su figura materna– la base psíquica de aceptación, seguridad y satisfacción pulsional. En contraste, el varón provee –desde la figura paterna– la independización de la simbiosis materno filial para la confrontación

[4] En este caso, cuando se trata de las mujeres; esta implantación de significado desde los abusos sexuales, como el cuerpo provoca la mirada del otro, puede crear la sensación de quedar desnuda ante el otro y confundir los espacios públicos y privados al interior de su mente. Esta sensación de ser mirada se transforma en algo excitante y persecutorio a la vez, por lo que para poder dejarse ver la niña debe reprimir el significado sexual de su *cuerpo*. Cfr. Emilce Dio Bleichmar, "Anorexia-bulimia. Un intento de ordenamiento desde el enfoque Modular-Transformacional". *Revista Internacional de Psicoanálisis: Aperturas Psicoanalíticas*, 4 (2000).

con la vida como un juego con reglas objetivas.[5] El estado infantil de autoconservación en la que se mantienen adultos hoy en día parece *negar la objetividad del crecimiento* y el envejecimiento. Si el origen del propio cuerpo no es una dualidad complementaria, sino un intercambio consensuado de satisfactores, entonces, el crecimiento pierde norte. Por consiguiente, el narcisismo infantil se mantiene y las personas no reconocen la responsabilidad que cada etapa de desarrollo del cuerpo significa.

En cambio, en esta situación, el propio cuerpo se comprende como medio para conseguir aceptación, seguridad y satisfacción pulsional, como si nunca se dejara la etapa de infantil en modalidad adolescente. Una manifestación de lo anterior son los adultos en estatus de eternos adolescentes gastando la mayoría de sus recursos y energías –tanto materiales como intangibles– en orden a adquirir cuerpos esculturales. Es un excesivo afán por mantenerse lo más apegado posible a los ídolos estereotipados del momento, todos ellos con rasgos físicos y personales de adolescentes.

En ese orden de ideas, las personas se ven reducidas a medios para que alguien más quiera satisfacer sus propios impulsos. Parece que lo importante es que el cuerpo despierte el deseo de otra persona *en un afán de relacionarse sin relación*. Crecer, o envejecer, hoy, carece de sentido; se trata del ideal del *sex appeal* adolescente en coordenadas de neutralidad, lo cual es un esfuerzo fracasado desde el inicio: una utopía de identidad sexual. Mantener un cuerpo sexualmente atractivo es una actitud de las masas, de tal modo que la insatisfacción emocional venga a ser compensada por alguien, y para lograrlo, hay que atraer a los demás. Así, la identidad propia y de los demás se ve objetivada por una utilidad subjetiva. Desde esta perspectiva, se encuentra una cierta explicación a la pandemia de dietas excesivas, el abuso de fármacos con actividad corticoide, los comportamientos compulsivos de ejercicio, el auge de las cirugías estéticas,

---

[5] Vargas, Alberto, *Ser y don. Una teoría antropológica del juego. Genealogía del miedo. Un estudio antropológico de la modernidad desde Leonardo Polo*, Madrid, Sindéresis, 2020.

la adicción a los autorretratos en redes sociales y los comportamientos compulsivos alimenticios.[6]

Si la diferencia sexual entre mujer y varón no significa nada, la familia se comprende como una comunidad fundada en una subjetividad de ficciones sexuales identitarias que cada quien construye para sí. Una de las consecuencias más graves es que, dado que los hijos no se significan desde la complementariedad sexual, entonces, lo hacen a partir del contexto económico dominante. Por ello, se promueven prácticas como la anticoncepción, el alquiler de úteros, la donación de óvulos y espermatozoides, la adopción de huérfanos como derecho, la manipulación genética de los hijos "al gusto", el aborto, la subrogación de vientres y la inseminación *in vitro*; pues son prácticas que hacen posible que los hijos se "tengan, cómo y cuándo se quiera". De esa forma, se objetiva a los hijos con el fin de simular a una familia ideal y, por tanto, subjetivamente estereotipada.

Puede afirmarse que, en cierta medida, toda sociedad y en toda época se ha fallado de algún modo en la manera en que se organiza la vivencia de la distinción entre varones y mujeres, y niños y adultos, acuñando situaciones opresivas dentro y fuera de la familia. Esto es suficientemente válido y adecuado denunciarlo; sin embargo, pretender que el problema se resuelva anulando las distinciones corporales, sobre todo la sexual, mediante el afán de neutralidad o conflictividad corporal subjetiva, es un reduccionismo antropológico de fatales consecuencias. Dicha pretensión ha llegado hasta las políticas públicas de algunos países que se encuentran en el extremo de anular, incluso, la distinción gramatical de género.

La igualación de sexos y la prohibición de la distinción corporal han emigrado del discurso político a uno psicológico donde los mismos ciudadanos son los que replican la ideología que han interiorizado y hecho propia. Una supuesta liberación de los oprimidos y marginados a causa de la distinción corporal básica, la cual pretende disminuirse con un nuevo totalitarismo ideológico conocido que, lejos de ser una teoría, es casi siempre una ideología de género. Lo que dicha

6 Cfr. Alberto Espina, "La figura del padre en los trastornos de la conducta alimentaria". *Familia: Revista de ciencias y orientación familiar*, Universidad Pontificia de Salamanca, 31 (2005).

propaganda social y política promueve es un igualitarismo que desconoce las distinciones naturales y manifestativas, además del sentido personal con respecto a la corporalidad.

En este clima, los medios masivos de comunicación, así como las cámaras de decisión política se organizan alrededor de argumentaciones de considerable pobreza antropológica y se presentan como punto de referencia sobre decisiones importantes en el plano político, social, cultural y familiar. La perspectiva que se promueve como fundamento para la organización social mundial constituye una repetición de clichés emocionales estandarizados, los cuales sostienen que la identidad de la persona se sustenta en deseos, impulsos y traumas. La identidad personal, que si bien no se reduce a la dotación natural, se tambalea al carecer de un *punto de apoyo y fundamento* de despliegue de la libertad identitaria. Si un piso se vuelve imposible, también construir identidad, y por el contrario, se diluye o idealiza de modo que *el remedio sale peor que la enfermedad*.

El contexto es un cierto *marxismo ideologizado* que promueve las disforias de género como un estilo de vida. Las mutilaciones genitales voluntarias, lo mismo que el sometimiento de menores de edad a terapias hormonales que bloquean la pubertad se presentan como derechos a la salud, en los cuales, el propio criterio es un consenso casi siempre arbitrario o politizado ideológicamente. Algo similar sucede en el ámbito educativo donde es general la promoción de la masturbación juvenil como método de clarificación identitaria que normaliza el desorden sexual.

La propagación de una supuesta perspectiva de género es fragmentaria y parcial ante una perspectiva de familia y tiene como presupuesto la corporalidad humana como un rompecabezas de infinitas piezas en las que no se sabe cuáles corresponden a cada una de sus dimensiones: el cuerpo como un *puzzle irracional*. Manifestación de ello es el presupuesto común en las políticas públicas de muchos países que se justifican, con el prejuicio de la codificación genética, que la genitalidad, el deseo sexual, la orientación sexual y el deseo afectivo son cinco rasgos independientes entre sí. Tal fragmentación antropológica tiene también de fondo la dualidad mujer-varón que estructura la naturaleza humana.

La perspectiva de género es una postura ideológica que prohíbe la distinción natural entre personas, y propone que la diversidad es fundamentalmente subjetiva. El avance en inteligencia artificial y en ingeniería genética, entendidas como el mayor de los logros de la civilización, demuestra la necesidad por dominar las diferencias naturales para neutralizarlas y someterlas a una mera subjetividad arbitraria.

Una de las consecuencias más problemáticas de la instalación de esta ideología es la manipulación sobre la sexualidad a la que están expuestos niños y jóvenes en todo el mundo,[7] propuesta por la gran mayoría de los ministerios de educación de los países occidentales que sugieren que la corporalidad está a merced de creencias, deseos e impulsos sobre los cuales fundar el criterio para que la persona se comprenda a sí misma. Efectivamente, hoy es muy difícil encontrar educación sexual integral; por el contrario, estamos en medio de una continua educación técnica del acto sexual lo que obviamente es un reduccionismo antropológico.

Ejemplo de esto, como ya hemos indicado, es la promoción de la masturbación como actividad educativa, incluso en edades prescolares. También se sugieren juegos de rol en los que las personas se experimenten como el sexo opuesto y se difunden propaganda, cuentos, historietas, series de televisión, cuya finalidad es la disolución de la distinción sexual. Asimismo, se ofrecen asesorías a padres de familia en orden de desaconsejar una educación diferenciada varón-mujer dentro de la propia familia.[8] De igual manera, los ministerios de salud de muchos países ofrecen mutilaciones, tratamientos hormonales aversivos y bloqueadores del desarrollo como derechos a la salud,

---

7 Se invita a confrontar las propuestas de supuesta educación sexual por parte de los gobiernos de los países occidentales incluyendo todo Suramérica, México, varios estados estadounidenses, Canadá, prácticamente toda Europa occidental, Australia y Nueva Zelanda. Aquí algunas de ellas: Dirección General de Educación Superior para Profesionales de la Educación, "Programa de formación curso-taller educación integral de la sexualidad en la escuela para formadores de docentes" [en línea]: https://www.dgespe.sep.gob.mx/web_old/esege/educacion_sexual_escuela [Consulta: 1 de julio, 2021]; Ministerio de Educación de Argentina, "Programa Nacional de Educación Sexual Integral (ESI)" [en línea]: https://www.argentina.gob.ar/educacion/esi [Consulta: 1 de julio, 2021].

8 Cfr. Toronto District School Board, "Sexual Health Curriculum" [en línea]: https://www.tdsb.on.ca/ward13/Ward-13/Sex-Education-Curriculum [Consulta: 1 de julio, 2021].

cuando se basan únicamente en el deseo de la persona, así sea menor de edad.

En definitiva, la diferencia sexual se ha vuelto prohibida con el fin de establecer la utopía de la igualdad. Tal proyecto se encuentra fallido con lo que se genera una frustración considerable, pero sobre todo, lleva a la organización social, y de manera particular a la familia, a un círculo vicioso con daños colaterales. ¿Por qué sostener esta postura de efectos perversos? Una posible respuesta es un utilitarismo mercadológico. El cuerpo se ha convertido en un objeto de *comercio* y *utilidad*; la aplicación Tik Tok es un ejemplo de mercado donde el propio cuerpo sensualizado es la mercancía de los mostradores.

2. La utilidad comercial del cuerpo

Una primera referencia de encuentro y conocimiento mutuo es la familia como fuente de parentescos y origen natural. Entre más interés por conocer a esa persona, más interés en su ascendencia, pues el cuerpo nace vinculado a su origen. Necesariamente, la vida comienza en la unión sexual de varón y mujer; en el cuerpo se revela que el ser humano es quien nace de padre y madre. Además, su condición al nacer es de fragilidad y carencia, y esa fragilidad propia del cuerpo recién nacido refiere profundamente a la relación con alguien femenino y alguien masculino, quienes le engendran, protegen, proveen y educan. Esto quiere decir que el cuerpo de la persona es filial y ese carácter remite directamente a la distinción del padre y la madre. Así, la unión de varón con mujer es el primer aspecto vinculante en el que la persona significa su *encarnación*.

La negación de la distinción dual complementaria de varón y mujer oscurece el origen del cuerpo de la persona, y con éste, el significado del mismo. El problema es que el cuerpo refiere a la familia, a su origen, a la distinción complementaria de padre y madre. Cuando no lo hace, el oscurecimiento de su finalidad y sentido familiar se ve sustituido por el sentido de pertenencia al sistema estatal o comercial. Dado que el sistema estatal de la mayoría de los países occidentales es el capitalismo neoliberal, el rumbo que toma el cuerpo es el de objeto del mercado; si se oculta el carácter filial solamente queda la pertenencia al sistema.

Se trata hoy de dos ejes directamente proporcionales: *a mayor filiación menor objetivación corporal y viceversa*. Por lo mismo, así como la familia suele ser la referencial vital, sin ella, el modelo de vida pasa a ser lo que mercado establece, donde el cuerpo está disponible de venta o renta. Por ello, la vida íntima de las personas se hace cada vez más dura, porque el cuerpo únicamente puede ser comprendido como *instrumento* y esto no comparece con los anhelos más profundos.

Son muchos los problemas generados a partir de la mercantilización del cuerpo y, junto con él, de la propia vida. Algunos de los más destacables son la trata de personas, la prostitución y el abuso sexual como una pandemia global que se promueve dada su capacidad de generar dinero gracias al alcance de *mercados insospechados en su fácil consumo por medios digitales*. A los niños se les sensualiza desde muy temprana edad animándolos a abandonar su infancia prematuramente para adoptar estereotipos adultos del mercado y sin ningún traspaso por la adolescencia. Desde muy pequeños, se ven envueltos en esta mercantilización sexual como consumidores de pornografía y como objetos para generarla. Basta echar un vistazo en las redes sociales y darse cuenta de la cantidad de contenido sexual que menores de edad crean y publican. Todo esto enmascarado bajo la idea de libertad, de educación sexual que, incluso, los propios padres han interiorizado y fomentan; en este escenario, cualquier criterio de razonabilidad de la sexualidad juvenil es estigmatizado como ideologización.

Lo que se ha vuelto moral y políticamente correcto es propuesto como incorrecto de modo que *lo razonable hoy es ser inmoral y políticamente incorrecto*; sin contar que, además, dada la globalidad del mundo digital y de la promoción del llamado *sexting*, se mercantilizan fotos, videos y datos de menores de edad que, en muchos casos, caen en redes de trata o libre voyerismo digital al estilo de plataformas como OnlyFans y Lips. Hoy, muchos adolescentes ganan millones de dólares publicando fotos eróticas en redes sociales en una supuesta modalidad de *influencer*.

El uso generalizado de anticonceptivos en mujeres es otro síntoma sociocultural actual que puede asociarse a la mercantilización del cuerpo. Con base en una supuesta liberación, se auto esclaviza libremente y convierte en objeto del varón. ¿Liberarse de qué?, de la posibilidad de embarazarse; ¿por qué?, porque se tiene sexo *y nada más*.

Si nos detenemos un poco, la publicidad con frecuencia propone que la mujer libre es aquella que tenga el tipo de cuerpo capaz de tener relaciones sexuales sin el riesgo de embarazarse. ¿Quiénes son las personas que tienen el tipo de cuerpo que pueden tener relaciones sexuales sin el riesgo de embarazarse y sin importar la edad? Se trata de los varones; suena disruptivo, pero así es. En el fondo, existe una creencia opresiva femenina inconsciente: el propio cuerpo tal como es naturalmente, le pone en un lugar de inferioridad frente al masculino. Este planteamiento proviene del hecho de que el cuerpo masculino, tal y como es naturalmente, le hace más productivo en términos de capital; por el contrario, el de la mujer parece una injusta esclavización frente a la imperiosa necesidad de mantener el modo de trabajar masculino, porque el embarazo, el parto y el tiempo de lactancia son procesos en los que, efectivamente, se ve imposibilitada en buena medida para producir. *Si el sentido último del cuerpo es capitalista*, son ellas quienes, naturalmente, se encuentran en desventaja, y esto debe ser corregido.

De ser así, puede explicarse por qué la pretendida lucha social feminista, en el fondo, actualmente cae en una batalla en contra de la naturaleza misma de su cuerpo. Si la presente lectura no es errónea, el problema es que la feminidad entendida únicamente a la luz de un sistema capitalista definitivamente es una desventaja, pues mucha de su riqueza se ve como impedimento; sirva de ejemplo el hecho de que el cuerpo de la mujer es el *primer hogar* de todo ser humano. En ese sentido, la *riqueza del* cuerpo *femenino no encuentra su clave en coordenada utilitaria*. No obstante, esto no quiere decir que la riqueza del cuerpo del varón no se encuentre también ensombrecida o que no corresponda con la lógica capitalista; como se vio en el apartado anterior, la ausencia de varones jugando su rol de padre es también muy grave.

La mercantilización masificada del cuerpo ha llegado también a las expresiones artísticas y literarias que remiten a una crisis interior más profunda de lo que ordinariamente se piensa.[9] Por su parte, en los círculos científicos se asoma la realidad de un agotamiento genético y la instalación de un sistema de patentes como instrumentos de monopolización de todos los códigos genéticos y los saberes asociados al manejo de la riqueza biológica.[10] En la misma línea se va generalizando el diseño genético de las próximas generaciones en orden eugenésico o meramente arbitrario. Dentro de tal situación, los hijos se convierten en objeto de derecho del Estado y, en el mejor de los casos, de los mismos padres. En parte, hasta la defensa de la legalidad del aborto parece sostenerse en la propuesta de que el útero y todo lo que contenga es propiedad privada de la madre.

En síntesis, parece que la disolución de significado familiar del cuerpo lo sitúa como producto de mercado o herramienta productiva, consecuencia de la prohibición de la distinción sexual que termina por oscurecer el significado filial del cuerpo. En tiempos dominados por la técnica mercadológica y digital, el cuerpo termina en el estatuto de bien productivo, consumible, intercambiable o para la compraventa. Por consiguiente, el cuerpo se comprende en términos económicos y, con ello, también la vida humana.

Aún en medio del caos comercializador, la persona no parece renunciar por completo al eco emocional que le sugiere la necesidad de vincularse íntimamente con otras personas. En consecuencia, la vida se hace cada vez más ardua, pues el cuerpo comprendido como instrumento no comparece con los anhelos más profundos. El ser humano persona necesita identificarse, encontrarse significado y vincularse.

---

9 Haciendo eco a Feyerabend y otros posmodernos, hace pocos años Arthur Danto –reconocido crítico e historiador del arte– anunció la muerte del arte a partir del relativismo estético en el que todo puede ser arte. Cfr. *After the end of art: contemporary art and the pale of history*; H. Belting, *The end of the history of art?*, Princeton, Princeton University Press, 1997. Podría decirse que la crisis artística fue puesta claramente de manifiesto mucho antes, tal vez en 1917 con la presentación en la galería de la Grand Central de Nueva York del urinario de Marcel Duchamp bajo el pseudónimo de R. Mutt. Rossellini, el famoso cineasta francés, lo ha sintetizado recientemente de este modo: "cuando una civilización deja de existir, o cuando está en crisis, el arte muere al mismo tiempo, o incluso antes", Roberto Rosellini, *El cine revelado*, Barcelona, Paidós, 2000, p. 124.

10 Cfr. Misha Angrist y Robert Cook-Deegan, "Who Owns the Genome?". *The New Atlantis: A Journal of Technology & Society*, 11 (invierno, 2006), pp. 87-96; Michael Crichton, "Patenting Life". *The New York Times* (13 de febrero, 2007), sec. Opinion, p. 23.

La familia perfila el sentido de la naturaleza humana tanto en la relación entre personas como en la relación con el mundo; sin embargo, hemos señalado, actualmente se rechaza el significado familiar del cuerpo, de manera que la familia se desfigura. Así, el deseo emocional de vincularse se torna hacia uno mismo.

Puede decirse que el impulso natural hacia los demás, al carecer de sentido familiar, solamente permanece en el nivel apetitivo, es decir, de los impulsos. Dicha encrucijada puede explicar que *los impulsos afectivos y apetitivos se comprendan como el núcleo de la identidad personal*. Las tendencias apetitivas y afectivas impulsan a la persona a vincularse y, a falta de sentido familiar, se da la identificación de la persona a partir de sus impulsos sexuales y afectivos.

3. Apetitos y pulsiones como referente identitario

A muy temprana edad, la persona manifiesta claramente un impulso natural que refiere a la necesidad de vínculo emocional con los demás. Es bien sabido que las caricias, los abrazos y los besos son parte de lo que necesita un bebé para su desarrollo. Además, son esas mismas manifestaciones las que se pueden observar ya, de un modo un tanto impulsivo, en niños preescolares. Si bien podría pensarse que lo hacen por imitación, el hecho de que lo piden muy comúnmente para su consuelo, muestra, de manera evidente, que la naturaleza humana efectivamente posee una dimensión apetitiva y afectiva que le es propia. Ambas dimensiones pueden distinguirse de muchas formas, una sencilla es pensar que la apetitiva se relaciona con el placer y la afectiva con los sentimientos. De cualquier forma, ambas hacen que la persona humana posea una especie de disposición natural al vínculo con el mundo y con los otros.

Sin embargo, como se estudiará a profundidad más adelante, ya desde la filosofía clásica se ha comprendido que ambas funciones necesitan de la articulación racional ajustada a la naturaleza humana para ordenarse apropiadamente. Además, las aportaciones de tinte cristiano, entre otras, han ayudado a vislumbrar que el sentido más alto de dichas facultades es, en una muy breve síntesis, familiar.

Los impulsos apetitivos, dentro de los que entran los sexuales y los deseos afectivos, se van desarrollando a lo largo de la vida de una persona. Esto quiere decir que *se aprenden* de las experiencias y de su integración de las mismas a la vida psíquica y racional. No obstante, que sean aprendidos no quiere decir que sean elegidos, pues la persona humana es capaz de aprender creencias e impulsos de modo inconsciente. Tampoco implica que los impulsos humanos sean producto de la imitación, pues el aprendizaje conlleva la elaboración psíquica e intelectual de ambas experiencias, dolorosas y placenteras, así como de la influencia de la emotividad.

Los apetitos y los deseos afectivos humanos, si bien son parte de su disposición natural, *no son innatos* y también se configuran a lo largo de toda la vida con base en la experiencia. Evidentemente, no se pretende negar que la disposición genética tenga algún rol, pero no puede sostenerse que los impulsos y deseos sean puramente biológicos.

Además de aprendidos, los impulsos humanos son *flexibles*, lo que quiere decir que varían en la persona con base en etapas de desarrollo y circunstancias personales. Por ejemplo, el deseo sexual no se experimenta del mismo modo a lo largo de la vida, incluso, varía en una misma persona a lo largo del día, con base en una serie interminable de factores contextuales y personales. Alguien bajo mucho estrés por su trabajo puede experimentar nulo deseo por la mañana hasta que acaba su jornada y puede experimentar cómo su apetito sexual aumenta, conforme van disminuyendo sus preocupaciones laborales. La idea de que el impulso sexual humano es rígido, en buena medida, es errónea; de ahí que significar la propia identidad corporal o sexual a partir de los apetitos se torna una *tarea imposible*, pues estos varían en un sujeto durante toda su vida, dependiendo de infinidad de factores que influyen.

Las dimensiones apetitivas y afectivas humanas son, como se ha explicado, principalmente aprendidas y flexibles. A pesar de que evidentemente se fundan en una disposición corporal, son dimensiones que dependen de la experiencia a lo largo de la vida. Otro factor importante es que varían de persona a persona, es decir, no son específicas. En las especies animales, los impulsos son codificados y todos los individuos responden del mismo modo ante los mismos estímulos placenteros y dolorosos (al menos de que los seres humanos incidan en manipularlos domesticándolos). En cambio, cada persona va desarrollando sus impulsos de modo único e irrepetible; por ello, es casi imposible explicar el modo en que operan los deseos apetitivos y afectivos de una persona mediante los de otra. Piénsese ¿qué les apetece comer a los seres humanos? Como se ve, el intento por dar una respuesta específica no es acertado, pues, aunque se intente hacer generalizaciones, la realidad es que la respuesta a esa pregunta remite a la complejidad cultural y la propia experiencia vital. Por el contrario, los animales no se enfrentan a esta complejidad porque no son seres culturales.

Las facultades apetitivas y afectivas humanas son dimensiones humanas que, si bien tienen un sustrato orgánico, se configuran a lo largo de la vida con base en la elaboración psíquica y racional que ella hace de sus experiencias. Cabe agregar que, pese a distinguirse por sus objetos, pues una se relaciona con el placer y el dolor y la otra con los sentimientos y emociones, como en todas las facultades de la persona, su modo de operar se encuentra fuertemente relacionado. Es decir, lo que sucede en la apetitividad afecta a la emotividad y viceversa.

Ejemplifiquemos lo antes dicho de manera sencilla: si una niña pequeña padece un fuerte susto mientras comía un pastel de chocolate, puede suceder que, a partir de esa experiencia, sienta disgusto por el chocolate. De hecho, la relación de estas dos facultades ayuda a comprender a profundidad las adicciones; ¿por qué es así? Porque la naturaleza humana está diseñada para que, en la medida que la persona padece placer o dolor en mucha intensidad, la intensidad con la que padece los sentimientos y las emociones disminuya. Esto tiene una razón de ser: si alguien padece una infección en los riñones, es importante que lo atienda más rápidamente que su preocupación por pagar las cuentas. Tal es el mecanismo simplificado de las adicciones y las conductas compulsivas: cuando alguien quiere distraerse de sus afectos, recurre al placer o al dolor. Por tanto, no importa si es consumo de alcohol, de mariguana, pornografía e incluso *cutting* o masoquismo; en el fondo la persona distrae su afectividad induciéndose dolor o placer.

Como se ha visto, estas dimensiones no pueden objetivarse como elementos estáticos y rígidos. Son funciones de los que la persona dispone en orden de su crecimiento personal. Ahora bien, la configuración en el modo de operar los afectos y los apetitos tiene una profunda relación con la complementariedad de varón y mujer en cuanto padre y madre. La unión de ambos roles hace posible psíquicamente la armonía reguladora de las tendencias humanas,[11] pues ordenar los deseos apetitivos y afectivos es una tarea en desarrollo, cuya base antropológica supone la distinción sexual y su complementariedad unitiva materno-paterna como fuente del vínculo filial.

El vínculo materno-paterno en dualidad complementaria, en unidad, hace posible que la persona pueda armonizar sus pulsiones e impulsos de tal modo que los pueda aprovechar a favor de su crecimiento personal. El oscurecimiento de la dualidad complementaria de varón y mujer como origen filial humano y su importancia en la educación de los hijos trae dos consecuencias graves: 1) la primera es que la persona padezca carencias en la relación padre-madre-hijo, manifiestas muy comúnmente en una falta de autorregulación de los afectos y apetitos; 2) la segunda, que carezca de un modelo que configure un cauce sano para ordenar sus funciones.

En el terreno de la psicología, son vastos los estudios que narran el modo en que trastornos de ansiedad, de angustia, de obsesividad compulsiva, así como la anorexia, la bulimia, la vigorexia, la

---

11 Es vasta la bibliografía psicológica y psiquiátrica que explica las muy variadas dinámicas en las que la distinción y dualidad materno-paterna en el desarrollo la regulación de las tendencias, deseos y pulsiones sana de los hijos es indispensable. Cfr. American Psychiatric Association de Washington, *Manual diagnóstico y estadístico de los trastornos mentales. Texto Revisado (DSM IV-TR)*, Barcelona, Masson, 4a. ed., 2003. Timothy Brewerton, "Eating Disorders, Trauma, and Comorbidity: Focus on PTSD". *Eating Disorders*, 15 (2007), pp. 285–304. Hilde Bruch, *La jaula dorada: El enigma de la anorexia nerviosa*, Barcelona, Paidós, 2001. Emilce Dio Bleichmar, *El feminismo espontáneo de la histeria. Estudio de los trastornos narcisistas de la feminidad*, México, Fontamara, 2a. ed., 1994; *La Sexualidad Femenina*, Barcelona, Paidós, 1997. Françoise Dolto, *La imagen inconsciente del cuerpo* (trad. Irene Agoff), Barcelona, Paidós, 1986; *Sexualidad femenina*; (trad. Eduardo Prieto), Barcelona, Paidós, 1997. Otto Dörr, "Influencia de la familia en la patogénesis de la anorexia nerviosa", en *Psiquiatría Antropológica. Contribuciones a una psiquiatría de orientación fenomenológico-antropológica. Anales de la Universidad de Chile*, (1997), pp. 411-422. Alberto Espina, "La figura del padre…", ed. cit. Melanie Klein, "Los efectos de las situaciones tempranas de ansiedad sobre el desarrollo sexual de la niña", en *Obras completas: Melanie Klein*, Barcelona, Paidós, t. 2, 2005, pp. 206-249. Andrea Maturana, "Trastornos de la conducta alimentaria en niños y adolescentes", en Carlos Almonte y María Elena Montt (eds.), *Psicopatología infantil y de la adolescencia*, Santiago, Mediterráneo, 2003, pp. 429- 444. Joyce Mc Dougall, *Las mil y una caras de eros. La sexualidad humana en busca de soluciones* (trad. Jorge Piatigorky), Buenos Aires, Paidós, 1998. Mara Selvini, *Self-Starvation. From Individual to Family Therapy in the treatment of Anorexia Nervosa*, Nueva York, Jason Aronson, 1985.

masturbación compulsiva, las autolesiones y muchos otros son trastornos psicoafectivos coincidentes con la imposibilidad de las personas de regular los propios impulsos afectivos. En tal tesitura, la incapacidad para regularse afectivamente es raíz también de la causa más común de discapacidad en el mundo: la depresión.[12]

Otras manifestaciones graves de una pobre disposición de dichas facultades son las conductas antisociales en menores de edad tales como asesinatos seriales, tiroteos escolares, abuso sexual, acoso sexual, *bullying*, entre otros. Son numerosas las perspectivas donde la falta de regulación de los afectos y apetitos se relaciona muy estrechamente con la carencia de un sano y estrecho vínculo materno-paterno-filial. Esto puede entenderse así, no solamente porque la educación de dichas facultades se encuentra profundamente relacionada con la participación de cada uno de los padres en su rol, con base en su sexualidad masculina y femenina respectivamente; sino que, además, el modelo de unidad complementaria de ambos padres configura el sentido natural familiar para el cual ordenar los afectos.

Veámoslo del siguiente modo: si el modelo de unión de los padres es fiel, respetuoso y amable, esa estructura de vida conforma una referencia en los hijos para organizar establemente su propia afectividad. En cambio, si el modelo carece, por ejemplo, de papá, más difícilmente el descendiente puede visualizar el sentido de sus propios impulsos sexuales, pues sin distinción dual complementaria, el deseo sexual se desfigura o altera.

Efectivamente, la falta de sentido familiar de la estructura corporal humana hace que sus funciones pierdan norte y referencia. La igualación de los sexos provoca que los impulsos apetitivos y afectivos sean considerados fuente de referencia para la propia significación del cuerpo y de la propia vida. Es problemática la pretensión de significar la identidad de la persona con referencia a la afectividad e impulsos apetitivos; y es aún más problemático reducirla a esa dimensión. Sin embargo, actualmente se pretende redefinir la corporalidad y su sentido en la vida de la persona, el matrimonio, la familia y la filiación, con base únicamente

12 Cfr. Organización Mundial de la Salud, "Trastornos mentales" [en línea]: https://www.who.int/es/news-room/fact-sheets/detail/mental-disorders [Consulta: 30 de julio, 2021].

en dichas facultades. Este diagnóstico se ve claramente en algunos de los códigos civiles de Occidente que se fundan en los impulsos sexuales y afectivos de las personas y no en los derechos y responsabilidades propios de la dualidad y complementariedad sexual.

Actualmente, en muchas ciudades se legisla la organización civil a partir de la experiencia subjetiva de los impulsos y de los deseos afectivos. Un ejemplo que lo ilustra claramente son las políticas públicas con respecto a la adopción de hijos. Si se estudian detenidamente, parece que el derecho de adopción ya no se funda en la necesidad de filiación de los huérfanos, sino en la satisfacción de un deseo elaborado a partir de los propios impulsos sexuales, las necesidades afectivas y los deseos emocionales de los adultos. Se presupone que una persona tiene derecho a "tener" hijos porque desea ser padre y además posee el derecho de compartir custodia arbitrariamente. Es decir, en lugar de fundar las políticas públicas de adopción en los derechos y necesidades de los niños sin hogar, se basan en los deseos afectivos de los adultos. ¿Cuántas veces se escucha decir que cada persona tiene derecho a compartir custodia con quien siente atracción sexual y en el momento que desee ser padre? Otros síntomas del mismo diagnóstico, pero con el uso del avance científico, son la compraventa de espermatozoides, la renta de úteros y los procesos que descansan en la idea de que cualquier medio es considerado como válido con tal de satisfacer dicho deseo afectivo.

Ante este panorama, parece urgente atender el problema desde una perspectiva antropológica, asistiendo con detenimiento la *etiología de esta crisis*.

B. La estructura antropológica de la crisis

Se ha dicho que el cuerpo actualmente se comprende como un objeto de mercado o un cúmulo de impulsos afectivos. Ambas consecuencias se han relacionado con la pérdida del sentido de la complementariedad dual de varón y mujer. Considerando lo anterior, parece que valdría la pena profundizar y encontrar el trasfondo de la negación de dicha distinción natural.

Un error común cuando se presenta una crisis consiste en concentrar los esfuerzos en atacar los síntomas en lugar de hallar la enfermedad que los ocasiona. De este modo, la enfermedad sigue avanzando y los tratamientos paliativos oscurecen el fondo patológico en el que nos encontramos. Basta un breve detenimiento para darnos cuenta que los síntomas psicoafectivos, socioculturales y político-económicos pueden estar respondiendo a una crisis general más profunda, puesto que, si dicha crisis se sitúa en el significado del cuerpo, puede más bien originarse en el significado que la persona le da a su propia vida.

La forma en que la persona se comprende a sí misma se encuentra estrechamente relacionada con el ejercicio de la libertad, pues el sentido de la vida humana es el sentido de la libertad. Una visión antropológica pobre hace que la persona se oriente de modo repetido hacia alternativas contrarias al sentido real de su existencia. Cuando esto sucede, se introduce una *entropía* social, un caos en el entramado de las conexiones sociales que manifiesta la preexistencia de una pérdida ontológica o decrecimiento personal en los núcleos más íntimos de la vida humana. A su vez, tal pérdida genera un entramado social muy problematizado. Visto de esta manera, el diagnóstico sociológico también es una aproximación antropológica.

Sin una noción antropológica abierta, inconformista e íntima, no se comprende qué es el cuerpo personal, por lo que no se aclara la jerarquía de diversas dimensiones humanas, lo cual dificulta su articulación de un modo que permita comprenderlas y armonizarlas con eficacia. Quizá sea ésta la causa de que el camino se haya obturado a grado tal que pareciera la negación la única alternativa. Lo que ocurre es que, frente a nociones y vivencias antropológicas que no alcanzan al carácter personal, no hay consenso sobre el origen, el fin y la radicalidad integral de la crisis humana.

Al parecer, el problema central desde el que desemboca la crisis en el significado del cuerpo es una situación de desorientación íntima, y por eso conviene decir que la crisis de hoy es fundamentalmente personal: el hombre está escindido, desgarrado en lo más íntimo de su ser y tiende a manifestarlo de modos diversos.[13] Uno de los más preocupantes es el modo en que la persona comprende y comunica su corporalidad, dado que no existe manifestación más inseparable de la interioridad humana. La situación de ruptura interior se encuentra revelada en un resquebrajamiento histórico y biográfico que responde inmediatamente al hecho de que la persona humana no es un abstracto, un supuesto, sino es real. Sin la fuerza integradora de cada quien, sólo es posible ver espacios fragmentados humanos, por consiguiente, el cuerpo cae en una objetivación ajena al carácter personal. El ser humano contemporáneo es un hombre contrariado, escindido y desgraciado.

En una panorámica sociológica, los síntomas de la crisis del cuerpo pueden sintetizarse en una falsa dicotomía: o emprendemos grandes esfuerzos de desarrollo técnico para controlarlo, lo cual hace que, en demasiados casos, los fines sean aislantes y autodestructivos; o bien, emprendemos grandes esfuerzos para manipular la organización sociopolítica, de tal modo que no haya impedimentos para satisfacer todos los impulsos, deseos y tendencias, independientemente de que éstos provengan de las experiencias más traumáticas y empobrecedoras de la vida.

La falsa dicotomía pudiera apuntar a un diagnóstico sociopolítico; es por ello que conviene un acercamiento desde la experiencia y desarrollo en lo que se refiere al mundo interior y a la intimidad humana. La crisis exige ahondar en el significado del cuerpo con miras al significado de la existencia de la vida personal humana. La desesperación necesita una respuesta de nivel superior y mucho más complejo que las alternativas que requieren los problemas de carácter técnico o médico. Exige una inventiva íntima verdaderamente novedosa, es decir, una personal.

Ya se ha visto que las pretendidas soluciones enmarcadas en el contexto de hiperconsumo objetivan y comercializan con el cuerpo; de igual manera, las pretendidas soluciones sociopolíticas, cuya intención es destruir cualquier coordenada que constriña la impulsividad, han propagado un totalitarismo ideológico que articula el modo en

[13] Cfr. Alberto Vargas, *Genealogía del miedo. Un estudio antropológico de la modernidad desde Leonardo Polo,* Pamplona, Servicio de publicaciones de la Universidad de Navarra, 2017.

que vivimos nuestra libertad política, religiosa, económica, y mucho peor aún, nuestra libertad interior.[14] Paradójicamente, en este nuevo sistema totalitario, el hombre es bombardeado con la idea de que tiene que aceptar la ideología actual como un proceso de liberación; por lo que, al intentar salir de la crisis, piensa que significaría perder la libertad y así surge la desesperación.[15]

El hombre impacta directamente en el modo en que vive y comprende su cuerpo, es decir, el modo en que se vive interiormente. No obstante, en una sociedad que reproduce sistemas totalitarios ideológicos, se da lugar al anonimato, y con ello, al oscurecimiento de la conciencia de sí.[16] En ese contexto, el hombre es incapaz de distinguir el significado de su cuerpo, sus dimensiones y distinciones y, lo más importante, su sentido personal, lo cual indica un declive de intimidad y despersonalización.

---

14 Así lo afirma el Papa Francisco refiriéndose a las ideologías liberales y consumistas de nuestro tiempo: "Se instaura una nueva tiranía invisible, a veces virtual, que impone, de forma unilateral e implacable, sus leyes y sus reglas [...] la crisis financiera que atravesamos nos hace olvidar que en su origen hay una profunda crisis antropológica. ¡La negación de la primacía del hombre! Hemos creado nuevos ídolos. La adoración del antiguo becerro de oro (Cfr. Ex., XXXII, 15-34) ha encontrado una versión nueva y despiadada en el fetichismo del dinero y en la dictadura de la economía sin un rostro y un objetivo verdaderamente humano". "Discurso a los Embajadores de Kirguistán, Antigua y Barbuda, Luxemburgo y Botswana". La Santa Sede (16 de mayo, 2013) [en línea]: https://www.vatican.va/content/francesco/es/speeches/2013/may/documents/papa-francesco_20130516_nuovi-ambasciatori.pdf [Consulta: 30 de julio, 2021]. El filósofo francés Dany-Robert Dufour desarrolla extensamente esta idea en *L'individu qui vient après le libéralisme.*

15 Ese es el testimonio de Tatiana Góricheva que explica la interiorización del miedo en el enfado de sus compañeros al percatarse de que siendo disidente (libre interiormente) del comunismo ruso no hubiese sido encarcelada: "¿Por qué enfadado? Porque el miedo tiene cien ojos, como suele decirse. Esto es lo más terrible en la vida soviética: que las personas hayan llegado a cogerle afición a ese eterno miedo y no quieran ya ni oír hablar de desviarse de la norma, por poco que fuere [...] por desgracia el hombre vive allá (Rusia) en condiciones tales que le resulta más arduo evadirse de su propia prisión interior que de una exterior". *La fuerza de la locura cristiana. Mis experiencias*, Barcelona, Herder, 1998, pp. 27- 28.

16 Benedicto XVI, que también define la situación actual como una crisis antropológica, detecta este oscurecimiento: "Es verdad que en el año que termina ha aumentado el sentimiento de frustración por la crisis que agobia a la sociedad, al mundo del trabajo y la economía; una crisis cuyas raíces son sobre todo culturales y antropológicas. Parece como si un manto de oscuridad hubiera descendido sobre nuestro tiempo y no dejara ver con claridad la luz del día". "Educar a los jóvenes en la justicia y la paz. Mensaje Papal". La Santa Sede (1 de enero, 2012) [en línea]: https://www.vatican.va/content/benedict-xvi/es/messages/peace/documents/hf_ben-xvi_mes_20111208_xlv-world-day-peace.html [Consulta: 30 de julio, 2021].

Por todo lo anterior, puede decirse que la crisis actual es sobre todo antropológica; es decir, la raíz del problema es que se vive y comprende desde una mentira antropológica, desde una perspectiva errónea de quién es la persona. Los reduccionismos antropológicos han sido interiorizados y nos hemos hecho, de alguna manera, espiritualmente mentirosos, por lo que nuestro cuerpo, lejos de mostrarnos cómo somos, oscurece quiénes somos. Hoy no solamente falseamos con palabras, sino que *nuestros* cuerpos *son ajenos a nuestra verdad personal*. Por tanto, hace falta:

> Recuperar el cuerpo como el mejor medio de manifestación de lo que somos. Veámoslo incluso en su dimensión pasiva: no es sólo que en el cuerpo y por el cuerpo podamos salir al encuentro de los otros, sino que también los otros podrán encontrarme a mí, sabrán quién soy, me verán, me reconocerán, sin fantasmas, sin imágenes, sin ídolos, sin avatares: me encontrarán a mí.[17]

No se trata de la mentira como una enfermedad del lenguaje verbal,[18] sino también, y sobre todo, revelada en el cuerpo. Esto implica que, en nuestra situación, lo propio es negar hasta lo autoevidente. La pretensión de igualdad que oscurece la sexualidad como la diferencia básica corporal, en última instancia, también afecta la posibilidad de comprender que el cuerpo puede revelar el sentido plenamente personal y libre de la vida de cada quien.[19]

Trabajar la genealogía de las nociones antropológicas actuales remite a reduccionismos frecuentemente repetidos en la modernidad, cuya consecuencia más radical consiste en obturar la libertad de

---

[17] Diego Rosales, *Reivindicación del cuerpo en la ética contemporánea, Investigaciones fenomenológicas sobre la corporalidad*, México, Tirant lo Blanch, 2020, p. 76.

[18] En la concepción de Tischner hay que reconocer que es clara la intuición de la mentira como una enfermedad más allá del lenguaje, pero sobre esto no hay en él un desarrollo filosófico más profundo. Cfr. *Ética de la solidaridad*, Madrid, Encuentro, 1983, p. 33.

[19] Las ideologías son reducciones antropológicas y, por lo tanto, erróneas. La ideología de género es una reducción de la sexualidad humana a la subjetividad, de modo que reduce el amor a las tendencias sensitivas. La ideología de género no corrompe únicamente la noción de la sexualidad sino que con sus presupuestos corrompe a su vez las nociones de amor, libertad y familia.

pensamiento.[20] Pensar al cuerpo como objeto es mirarlo sin libertad de proyecto y desde una sensación de yugo interior porque carece de una configuración esperanzada. Esto hace que se pierda el sentido de la vida personal y social. ¿Por qué ha caído precisamente el cuerpo en un totalitarismo ideológico? ¿Por qué el diálogo se ha obstruido en un debate sobre la naturaleza y la cultura?

Son muchas las posibilidades desde las que se puede rastrear la pérdida de significado en el cuerpo de la persona; sin embargo, en este trabajo se abordan tres claves fundamentales. La primera clave es la *cosmovisión fragmentada* propia de la exageración del método analítico y el abandono de la visión global; es decir, comprenderlo a partir de una perspectiva que aumenta la cantidad de datos aislados y disminuye la amplitud de visión en la que todos esos datos puedan tomar sentido. La segunda clave es el *individualismo* atómico que deja al hombre desnudo de cualquier recurso de crecimiento y sentido. El cuerpo individual poco puede decir de la dualidad sexual, en tanto que individuo no es ni varón ni mujer. Además, la sospecha en que se comunique con la realidad, la duda metódica, provoca también la duda sobre si las personas pueden comunicar quiénes son. Finalmente, la tercera y más importante clave es la orfandad en la línea de una soledad masificada.

Como se ha repetido, la corporalidad, en su naturaleza, revela claramente un sentido familiar. El resquebrajamiento antropológico moderno destituye el sentido familiar de la persona y le deja huérfano. El rechazo al carácter filial de la vida humana llega a dimensiones insospechadas.

---

20 Los reduccionismos antropológicos son causa de ese nuevo totalitarismo interior al que nos referimos donde las ideologías restringen la libertad de pensamiento, de espíritu y de proyecto: "En la sociedad moderna, la libertad de pensamiento está ante una triple amenaza: el opio de la cultura de masas; las egoístas, reduccionistas y cobardes ideologías; y el rígido dogmatismo de la oligarquía burocrática con su arma preferida, la censura ideológica". Andréi Sakharov, *Progress, Coexistence and Intellectual Freedom*, Nueva York, The New York Times Co., 1968, p. 29.

1. Fragmentación de la cosmovisión

Una de las consecuencias más evidentes del pensamiento moderno es el cientificismo, la fragmentación de la visión del cosmos por medio del método analítico propio. Para comprender la naturaleza del ser humano se necesita mirarla desde su relación con el mundo. En la antigüedad, las sociedades habían logrado establecer una visión unitaria del cosmos y su sentido; tal vez de un modo mitológico y narrativo, pero panorámico. Con ello, en la antigüedad se logró establecer de un asombroso modo las coordenadas que distinguen la naturaleza de todo ser humano. Estos ejes, si no son suficientes, son estrictamente necesarios para apreciar las distinciones corporales y su sentido universal.

La sociedad moderna, en su afán de precisiones detalladas y especializadas en datos, desquebrajó dicha visión y dejó un rompecabezas que no corresponde a ninguna imagen. El método analítico moderno produce un cúmulo de posturas perdidas entre dos infinitos: el universo y la partícula. Las explicaciones de las ciencias modernas como la física, las matemáticas y la biología son teorías que carecen de valor narrativo por lo que se manifiestan como conclusiones enigmáticas. Se pueden saber muchos datos sobre el cuerpo y su funcionamiento; sin embargo, no hay un relato que explique el sentido de las diferencias encontradas. En lugar de una narración consistente de la vida natural de la persona, penetra ahora el sentimiento inmanentista del mundo donde el hombre se coloca en el centro del cosmos.[21]

El ser humano no sólo perfecciona al mundo, sino sobre todo, se perfecciona a sí mismo en su relación con el mundo. El cuerpo es la dimensión en relación con el cosmos, posee una jerarquía de funciones naturales que tienen un sentido y un modo en que la persona debe operarlas para su crecimiento y mejora del mundo el cual, gracias a su estructura, puede hacerlo su hogar. La extrañeza frente al sentido del mundo causa la extrañeza del sentido natural de su cuerpo, comenzando por las distinciones naturales más evidentes como la de varón y mujer.

---

[21] Cfr. Walter Schulz, *El Dios de la metafísica moderna*, México, FCE, 1961, p. 25.

Como no se comprende de forma global la historia del mundo desde su origen hacia su sentido; mucho menos se puede comprender cómo y para qué las personas irrumpen en él, disponiendo de un cuerpo que revela mucho del modo en que se está llamado a vivir. De esa manera, vivir sinsentido frente al mundo causa un estado de angustia muy profundo. La desaparición del sentido de la naturaleza humana hace que la persona se signifique bajo el lente de sus propias creaciones. Por ello, puede decirse que a falta de comprenderse en una narrativa universal, en su desesperación, las personas se suicidan de manera lúdica en juegos mercantiles. La desintegración de las coordenadas clásicas del sentido del hombre en el cosmos trae por consecuencia el sinsentido de la naturaleza humana. Si al hombre se le comprende escindido del mundo, el cuerpo pierde su sentido natural.

2. Enajenación social

Previo a la fragmentación del cosmos y frente a él, el método moderno parte de la división entre los hombres, es decir, de la desconfianza en la posibilidad del ser humano de contactar con la realidad fuera de sí mismo. La irracionalidad actual frente a la historia y el relativismo epistemológico divide a los seres humanos; y dado que la sospecha es el presupuesto metódico, el hombre ya no se reconoce en el otro, pues asume que lo que mira fuera de sí no es más que la proyección de sí mismo. Puede describirse como una vida humana en cual el individuo reina solitariamente. No obstante, mirar al cuerpo desde la individuación hace que las distinciones pierdan sentido, pues solamente se comprenden a la luz de la relación entre personas; por ejemplo, para poder profundizar en la feminidad del cuerpo de la mujer, resulta indispensable hacerlo a la luz de su distinción con el varón. Un mundo de individuos es un mundo donde todos son iguales y todos diferentes, que no encuentra cabida para la dualidad, sino que totaliza a los seres humanos en unidades incomunicadas.

Como hemos revisado, parte de la enajenación social proviene de la sospecha como punto de partida del método moderno. Para conocer, la modernidad propone despegar de la duda en la posibilidad del cuerpo de comunicarse con la realidad; por ello, también cabe la duda de la posibilidad de conocer a las demás personas, pues lo que se ve de ellas es poco confiable. Las demás personas, su existencia y relación con la mía son motivo de sospecha: de lo único que podemos estar seguros es que podemos pensar, mas no podemos asegurar nada sobre la realidad extramental. En última instancia, esto supone que de la persona nada puede saberse sobre quién es.

La enajenación social causa la proclamación de la muerte del hombre,[22] de manera que se anuncia la convocatoria a la construcción de cuerpos a la carta.[23] Si cada persona pretende de su identidad una construcción subjetiva, la comunicación con los otros se hace imposible. El relativismo identitario desemboca en una vida egocéntrica volcada en la satisfacción de deseos, impulsos y tendencias, muchas de ellas, producto de vivencias traumáticas, porque dichas funciones tienen un sentido únicamente comprensible a la luz de los vínculos entre las personas. Si la persona no se comprende desde su relación con las demás, ¿qué sentido puede tener la diferencia entre varones y mujeres?

El sistema capitalista no es la causa del problema, sin embargo, echa mano del hombre masa, del individuo, equiparando al cuerpo

---

22 Ese es el caso del pensamiento post-moderno que ha llevado a un desesperado extremo el planteamiento moderno de la libertad y conocimiento subjetivo; no sólo poniendo en duda, sino, declarando la inexistencia del propio sujeto. Michel Foucault se ha convertido en el heraldo de este discurso: "El hombre es una invención cuya fecha reciente muestra con toda facilidad la arqueología de nuestro pensamiento. Y quizá también su próximo fin". *Las palabras y las cosas. Una arqueología de las ciencias humanas*, México, Siglo XXI, 1969, p. 345.

23 La muestra más vil de ello es la de organismos internacionales promoviendo propaganda para que el lenguaje no se ajuste a lo que se puede ver de la persona en su *cuerpo*, sino a lo que la subjetividad de cada persona quiera escuchar. Es por ello que se están promoviendo cada vez más políticas empresariales internas e incluso en algunos países políticas públicas que restringen la libertad de expresión, exigiendo que las personas no basen su lenguaje en lo que pueden percibir de una persona en su *cuerpo*, sino en exigencias narcisistas infantiles; lo cual, además de dividir más a los seres humanos, pues nadie está dispuesto a desconfiar de su propia percepción, se están violando uno de los derechos más básicos de las personas: la libertad de expresión. Todo porque se pretende como intolerante y opresivo confiar que el *cuerpo* de las personas manifiesta suficientemente los rasgos como para comunicarse de un modo más o menos adecuado a ellas. Prueba de ello se ve en declaraciones publicadas por páginas oficiales de organismos nacionales e internacionales como Naciones Unidas, Fondo de las Naciones Unidas para la Infancia y la Organización Mundial de la Salud. Aquí un ejemplo: Cfr. "Naciones Unidas, Lenguaje inclusivo en cuanto al género" [en línea]: https://www.un.org/es/gender-inclusive-language/ [Consulta: 31 de julio, 2021].

con un instrumento tecnológico más de los que proliferan en el mundo contemporáneo. La frivolización tecnológica desde la que se da una aproximación al cuerpo hace que se pierda de vista un sentido unitario a la historia humana, dado que es la dimensión a partir de la cual se vive el tiempo. Además, el relativismo identitario promueve en buena medida el materialismo: la significación de toda la vida humana a partir de la experiencia de sus funciones desorganizadas, pues no poseen cauce.[24]

La enajenación social desvirtúa la disposición apetitiva y afectiva de la naturaleza. Esto trae por consecuencia que la vida humana se viva desde un nihilismo práctico,[25] un sometimiento desesperanzador a las fuerzas pulsionales psíquicas. Esto quiere decir que una aproximación antropológica a la problemática deja ver que la fragmentación moderna, responsable de reducir a la persona a individuo, trae por consecuencia la desvinculación con el sentido familiar y, por consiguiente, el sinsentido de sus afectos. Además, como no se entiende a sí misma a la luz de la vinculación entre personas, solamente se identifica con sus pasiones.

---

[24] Sören Kierkegaard fue muy consciente de esta pereza y mediocridad espiritual de la época y también fue uno de los precursores del pensamiento crítico posterior: "Una profunda renuncia religiosa al mundo y a todo lo que es del mundo, acompañada de diaria abnegación, es impensable entre los jóvenes de nuestra época [...] La actual generación ha tomado la seria decisión de que será la siguiente generación la que se hará cargo del trabajo; y para evitar molestarla o retardarla, la actual se hará cargo de los banquetes". "No se pretende abolir la monarquía, de ningún modo; pero si poco a poco la pudiéramos convertir en una ilusión, entonces felices gritaríamos: ¡Viva el rey! Tampoco se pretende abolir la excelencia, de ningún modo; pero si tomándonos el mismo tiempo logramos difundir la idea de que es una ilusión, entonces sí la admiraríamos. Se busca mantener toda la terminología cristiana, pero estar al mismo tiempo ciertos de que esto no debe significar nada decisivo". *La época presente*, Santiago, Universitaria, 2001, pp. 45, 59.

[25] Ricardo Yepes describe las características del nihilismo práctico contemporáneo: la desesperación, el fatalismo, el sinsentido, el cinismo, el pesimismo, la afirmación eufórica de la vida y la ebriedad, el *Carpe diem*, el interés por lo pragmático, el deseo de bienestar, la valoración excesiva del dinero, el afán de poder. Cfr. *Fundamentos de antropología. Un ideal de la excelencia humana*, Pamplona, EUNSA, 2009, pp. 168-179.

3. Rechazo a la filiación

Lo más grave de la situación y punto central de la etiología de esta crisis apunta a la enajenación de la propia filiación. Se ha visto que es imposible asumir el significado familiar del cuerpo mientras se rechace el sentido de la dualidad complementaria de varón y mujer. El cuerpo es transmitido por los padres en su unidad complementaria, y si se rechaza el significado de la dualidad complementaria, se oscurece el sentido filial de la vida humana. Antropológicamente hablando, ser hijo refiere directamente a la vinculación natural, familiar y personal de la vida. La persona puede comprenderse fundamentalmente desde su carácter de hijo dado que, antes que cualquier otra noción, es quien recibe la vida.

Ésta puede considerarse como una de las más importantes aportaciones de la cosmovisión cristiana al pensamiento del hombre sobre sí mismo. Abre una panorámica trascendente a la vida humana pues la refiere a su origen y le da un sentido vocacional al proyecto vital. Ahora bien, es imposible concebirse hijo sin asumir la estrecha relación con el mundo, con los demás y con la intimidad: sin mundo no hay naturaleza, sin los demás no hay familia, sin espiritualidad no hay relación personal, y si no hay relación personal, se pierde el carácter filial de la vida humana.

Efectivamente, el cuerpo tiene un sentido filial dado que su origen refiere directamente a la distinción y complementariedad de padre y madre. Sin embargo, el carácter filial humano, comprendido desde una visión antropológica más amplia, no es solamente natural, sino que se extiende hasta la noción de la propia filiación al Creador. Por tal motivo, puede decirse que la consecuencia más poderosa del método moderno es la orfandad espiritual, el ateísmo.

De todo lo anterior, la causa más profunda de la crisis actual al rechazo y oscurecimiento del significado del cuerpo es de vocación: las personas han perdido referencia de quién recibe su vida y a quién destinarla. El huérfano se presenta como un proyecto vital sin encargo, origen, obstáculos, destino o destinatario, o sea, de una existencia sola en un mundo depredador. Cabe agregar que es imposible sustentar la fraternidad sin filiación; esto quiere decir que el ateísmo tiene por consecuencia la imposibilidad de hermanarse, de hacerse prójimo del otro. Por ello, el cuerpo de los demás se convierte en ese objeto ajeno, distante y vacío de significado con el que es imposible comunicarse, encontrarse y mucho menos donarse.

Sin Dios, la persona pierde de vista su sentido por completo; por tanto, el cuerpo es un sinsentido que se arroja sobre idealismos dualistas antisociales, voluntarismos dogmáticos opresivos, romanticismos impulsivos autodestructivos y otras parcialidades antropológicas que no dejan de aumentar los síntomas de una vida urgente de significado. El individuo sin una dirección clara para relacionarse con el mundo, con las demás personas, pero sobre todo con Dios, es un cuerpo perdido.

La vida es un don que se acepta libremente. Dar es correlativo de aceptar como la paternidad de la filiación; el rechazo al dar paternal supone la imposibilidad a que se acepte libremente la condición de hijo. Si no somos hijos, el cuerpo carece de origen y de coordenadas para comprender sus distinciones. De esa forma, el hombre se hace hijo de sus propias obras; al ser así, es objeto para sí mismo desde un ejercer poder y su autonomía. El objeto limitante y carente de significado real, se impone como enigma irresoluble frente al mundo, frente a las demás personas y frente a la vida personal.

Haciendo una inspección sociológica de la crisis actual, se puede vislumbrar que el cuerpo se comprende desde el marco sociopolítico como un objeto más del mercado y desde el marco psicológico como un aparato implacable de impulsos. Ambas nociones se encuentran profundamente relacionadas con el fenómeno de la igualación de los sexos como ideal; la neutralización de las distinciones. Sin embargo, si se hace una reflexión más profunda, cabe cuestionarse la razón por la cual se pretende negar, con tal nivel de obstinación, el sentido de las diferencias sexuales, entre otras. Dicho detenimiento exige adentrarse en un estudio antropológico, dado que la crisis demuestra no resolverse atendiendo únicamente los síntomas, sino a las causas más profundas.

Puede pensarse, entonces, que en última instancia la problemática arrastra hasta las consecuencias de la modernidad comprendida sobre todo en tanto a su método. Se niegan las distinciones corporales porque se niega el significado de la naturaleza humana misma. La indagación analítica rompe con la universalidad propia del pensamiento clásico, lo que trae muchas consecuencias antropológicas. En este caso, se presentan tres grandes problemas desde los que se puede señalar una posible causa por la que actualmente se niega la naturaleza humana y su disposición dual y complementaria.

La primera razón es porque el método cientificista abre campo al hallazgo de cada vez más datos sobre el cuerpo; sin embargo, éstos se suman a una cosmovisión fragmentada en la que la existencia del ser humano en el mundo no halla sentido. Así, el modo de ser, aun cuando se extiende la cantidad de información biológica, genética, morfológica y, en general, tecnológica, no parece significar nada en el proyecto vital humano.

La segunda razón puede aducirse al hecho de que el hombre, a la luz de la modernidad, es un individuo. Si al cuerpo se le trata de entender desde el uno, la dualidad no tiene ningún sentido; por ese motivo, la persona humana en esta perspectiva es un ser enajenado no solamente del mundo, también de las demás personas. Al ser así, el cuerpo de los demás manifiesta un "otro", es decir, un objeto, y en consecuencia, no puede haber una significación de la unidad complementaria de personas en un mundo de individuos aislados.

Finalmente, se llega a la conclusión más importante. Con anterioridad se expuso cómo es que el rechazo al sentido de la dualidad de papá y mamá conduce al rechazo del carácter filial de la propia vida. Negar las distinciones de varón y mujer conduce a negar el origen del propio cuerpo; no obstante, antropológicamente hablando, el carácter filial de la vida de la persona humana no se reduce al hecho de recibir la vida transmitida de padre y madre. Una antropología abierta a la Revelación Cristiana se enriquece si acepta que la persona humana es, antes que nada, hijo, pues es quien recibe vida. En ese tenor, el ateísmo, consecuencia del método moderno, conduce al rechazo del carácter filial de la vida: el cuerpo del hombre, que se supone hijo de sus propias obras, carece de significado, de sentido, y vive desbocado hacia dentro, a los impulsos apetitivos y afectivos, y hacia fuera, como un objeto más de compra venta.

Si el diagnóstico no es equivocado, conviene un mejor detenimiento para ahondar en qué puede entenderse como modernidad, dónde radica lo propio de la persona si se le somete al análisis. Vale la pena detectar un radical moderno y, a partir de ello, se puede deducir cómo se comprende el cuerpo de la persona a la luz de las aportaciones antropológicas de este método. Definitivamente, no se trata de una tarea fácil, pues como es sabido, si lo propio de la modernidad es la especialización, la fragmentación, las particularidades, entonces, requiere de mucha creatividad intentar vislumbrar un mapa con coordenadas, intentar agrupar y unir.

Este trabajo propone hacerlo de la siguiente manera: primero, comprender cómo es que el surgimiento del método mismo trae consecuencias en el significado del cuerpo con respecto a su estatuto con relación al hecho de pensar. En cuanto al surgimiento del método, se propone a Descartes como hito central; cabe aclarar, no por considerarlo el pionero o referente central, más bien porque su obra proporciona suficientes coordenadas para adentrarse al tema. A continuación, ahondaremos en las consecuencias para el significado del cuerpo que dejó la obra de Descartes, asimismo, en las repercusiones y secuelas derivadas del método cartesiano.

En el siguiente apartado, ya con las coordenadas modernas establecidas, dentro de las muchas posibilidades y aristas, se profundizará en las nociones sobre el cuerpo, rastreándolas a la luz de los pensadores más rescatables del pensamiento occidental: en una instancia inicial, se le comprenderá como objeto o herramienta; después, una especie de cúmulo de impulsos y finalmente, se advertirá la disolución de su significado. Sabemos que, como cualquier aspecto de la realidad, gracias al método moderno, toda dimensión de la persona se abre a infinidad de modos para comprenderse y significarse; no obstante, proponemos que ese infinito espectro bien puede articularse en tres grandes posibilidades: el cuerpo herramienta, el cuerpo aparato impulsivo y el cuerpo disoluto.

2. El significado del cuerpo en la modernidad: una máquina en el tiempo

A. Análisis y subjetividad como método moderno

En toda la historia de la filosofía se manifiesta el intento por conquistar la libertad en sus diversas modalidades. Dicho problema es exclusivamente un asunto gnoseológico y sobre todo existencial. Sin embargo, en ningún momento de la historia se ha buscado con tanto ahínco la libertad como en la época moderna; es quizá por esta razón que se puede hablar de un *radical* o centro antropológico moderno considerablemente distinto al de otros periodos.

Definitivamente, la antigüedad griega estableció fuertes coordenadas antropológicas desde las cuales comprender el significado de la vida a partir de la naturaleza universal humana. Por su parte, la modernidad hace manifiesta una genuina inquietud: la libertad en su noción clásica, en cierta medida, parece constreñida por la necesidad metafísica; de manera que arroja una comprensión del hombre que no responde con fuerza a la cuestión del *quién* sobre la propia existencia personal.

Como primer acercamiento, la modernidad antropológica puede interpretarse desde el desasosiego frente a la universalidad y la urgencia por conseguir la particularidad, la identidad de cada quien. Dado que la noción de naturaleza presupone la universalidad, la modernidad oscila, por tanto, entre naturalismos e idealismos, racionalismos y voluntarismos, optimismos y pesimismos, mediante caminos, todos ellos, fundamentalmente anti-metafísicos. Y aunque ciertamente el método es, en estricto sentido, antifilosófico, la inquietud que lo motiva es perfectamente genuina y de la más alta dignidad, pues por la libertad vale la pena jugárselo todo.

Se identifica antropológicamente esta época, en líneas generales y a pesar de su pluralidad, por el papel hegemónico de la operatividad humana de carácter subjetivo donde lo más propiamente humano, ya sea la voluntad, inteligencia, afectividad, o incluso la corporalidad, debe ser autónomo, independiente, autosuficiente, emancipado de principios ajenos al individuo. Son intentos de *autofundamentar* al hombre, lo cual evidentemente trae por consecuencia autofundamentar al cuerpo y rechazar que posea su propia condición.

El modo en que se visualizó el encuentro con la identidad de cada persona supuso un paulatino y sutil abandono de la realidad objetiva del hombre. La modernidad propone una cierta anulación de cualquier otra finalidad de la libertad que no remita tarde o temprano a la propia mismidad, es decir, el yo. Ha buscado fundamentar y establecer los propios fines al margen de la realidad extramental y sus principios; así, el método moderno ha implicado una considerable renuncia y crítica a cualquier definición objetiva, indicando repetidamente su limitación. Ciertamente, su interés de abrir paso a la libertad subjetiva es loable a pesar de conducir con frecuencia a innumerables callejones sin salida.

Uno de los principales inconvenientes de la moderna desvinculación con la noción de naturaleza humana clásica es la *fragmentación antropológica* a la que abre paso. Sospechar de la realidad es sospechar del posible reconocimiento *en* y *con* las demás personas, propio de la condición social del hombre; por ello, puede comprenderse, a la luz de los síntomas actuales, que el *tú* se encuentre en retirada, mientras que el *yo* gobierne en solitario. La pretensión de la libertad mediante el divorcio con lo *universal* tiene como efecto secundario un rompimiento con la *alteridad* y por tanto, evidentemente, con la posibilidad de significar el cuerpo en *dualidad*. Si el hombre se aferra a su subjetividad, renuncia también a habitar el mundo, pues la noción de mundo es universal y así es como se descubre *extraño* y *temeroso*.[1]

La intuición moderna es paradójica: se buscan novedades y a la vez abandona paulatinamente la novedad inagotable por excelencia de Dios, en la medida en que ésta vuelve conflictiva para la autonomía del yo. Dicho de otro modo: por un lado, se busca la libertad de cada quien y por otro, se reduce al hombre a alguna dimensión específica de él; se quiere celebrar la diversidad, pero también se idealiza la neutralidad.

A lo anterior, se le puede añadir una supuesta comprensión de los objetos de estudio en su más extremo análisis, segmentando arbitrariamente de él la necesaria subjetividad de su aproximación. Invariablemente, esto admite la pérdida de la relación con la multiplicidad dimensional de la realidad y por tanto del cosmos; asimismo, genera la pérdida de la orientación del ser humano en el universo. El gran ausente en la ciencia moderna es la comprensión unitaria del universo; la comprensión de la relación del hombre con el mundo está íntimamente ligada con la naturaleza del ser humano. Si no sabemos qué es el universo, nuestra propia condición se tambalea carente de fundamento. En una cosmovisión fragmentada, el sentido humano en el cosmos se esfuma y el significado del cuerpo humano se piensa independientemente de lo humano y éste, a su vez, del cosmos que habita. Así pues, se va abriendo un *dualismo antropológico* donde el proceso analítico *desencarna* al hombre y deshumaniza sutilmente al cuerpo. Esa es la propuesta sutil de René Descartes y el banderazo de salida para hacer del propio cuerpo un extraño o un invasor:

> aunque tenga un cuerpo que me esté estrechamente unido, sin embargo, como tengo, por una parte, una idea clara y distinta de mí mismo, en cuanto que soy sólo una cosa pensante, y no extensa, y, por otra parte, tengo una idea clara y distinta del cuerpo, en cuanto que es una sola cosa extensa, y no pensante, es cierto entonces que

[1] Cfr. Zygmunt Bauman, *Ética posmoderna*, Argentina, Siglo XXI, 2004.

> yo, o sea, mi espíritu o mi alma, por la cual soy lo que soy, es entera y realmente distinta de mi cuerpo, y puede existir sin él.[2]

El dualismo antropológico es fuente de la que emanan las numerosas dicotomías irreconciliables. Puede decirse que la modernidad abre un infinito espectro cuya constante es que el cuerpo del hombre y el hombre, son consideradas dos *cosas separadas*: la *res cogitans* y la *res extensa*.[3] Tal postura abre un espectro de significados muy complejo e infinito en matices, de forma que hace de la realidad algo así como una utopía. Sin unidad de alma y cuerpo, no cabe referencia universal y el hombre se escinde, entra en crisis en modalidad de individuo. La cantidad de posibilidades es proporcional a la de conclusiones a las que puede llegar la persona con relación con su cuerpo, si se considera cada subjetividad como único referente.

Las consecuencias son evidentes en nuestra situación histórica: el cuerpo se ha tornado fuente de contradicción y de falsas dicotomías irreconciliables, mientras que se siguen propagando significaciones que conducen paulatinamente al absurdo: pansexualidad, transgeneridad, intersexualidad y demás paradojas actuales. En resumen, puede decirse que el radical moderno consiste en la persona como *subjetividad individual*; es la comprensión de nuestra existencia, independientemente de nuestra relación con el mundo que habitamos y hacemos nuestro hogar, de las personas con las que nos vinculamos, y en sospecha de proceder de un origen y ser convocado a una destinación.

Ahora bien, ¿y dónde comienza esta historia? Se sabe que el pensamiento humano no es un proceso maquinal del que pueda señalarse exactamente los puntos de partida y los productos finales; pretender que así sea es ser víctima, precisamente, del trasfondo moderno. La reflexión humana es orgánica y además viva, porque en ella siempre cabe profundizar más hondo lo que ya se ha dicho. Sin embargo, se puede establecer que la filosofía moderna va desde el siglo XVII al XIX,

2 René Descartes, *Meditaciones metafísicas con objeciones y respuestas* (intr., trad. y ns. Vidal Peña), Madrid, Alfaguara, 1977, p. 109.

3 Cfr. *Ibid.*, p. 13.

desde Descartes hasta Hegel, pero arrastrando consigo también a antihegelianos como Marx, Freud o Nietzsche.

Por ello, dentro de las muchas posibilidades, parece conveniente centrar primeramente nuestra atención en el filósofo francés René Descartes y en su proyecto de modernidad,[4] quien es referencia de todo lo posterior e introduce las nociones básicas de la modernidad. Con esto no queremos decir que sea el origen del pensamiento moderno ni mucho menos, pero sí que las aportaciones del mundo moderno se comprenden fácilmente atendiendo a su obra.

Para comprender a profundidad la aportación de cualquier pensador, conviene considerar dos dimensiones relevantes. La primera es evidentemente el contexto que influyó su obra; el hombre no puede pensar fuera de la historia porque se encuentra inmerso en ella. Descartes se pensó en un tiempo y espacio, en un escenario y en relación con ciertas personas. ¿En qué atmósfera surgió la obra cartesiana y qué consecuencias pueden adjudicarse en su modo de proceder? Sin embargo, es importante recordar que el asunto de esta reflexión es el cuerpo, por ello, la pregunta que nos interesa es la relación de dichos elementos con el contexto.

La segunda dimensión a la que habrá que atender es el método, pues el pensamiento humano procede de un modo, emana de un cierto cauce del cual devienen consecuencias. ¿Cuál es el método por el que Descartes desarrolla su pensar? O más propiamente, ¿cuál es el método desde el que piensa al cuerpo? Quizás Descartes no buscaba directamente tal escisión antropológica, sin embargo, más allá de cualquier intención, el resultado posterior es innegable. ¿Qué consecuencias se

4 "For analytical philosophy of mind, the mind-body problem can be traced to Descartes and his sharp distinction between the *res cogitans* and the body. Descartes' ideas on this topic need to be kept in mind because they reflect the theoretical framework still used by many scientists and a considerable number of philosophers. According to the general interpretation of the philosophy of Descartes, the body had to be studied with an objective and external methodology that could make it mathematically tractable. On the other hand, the mind, the point of view of the subject that experiences reality and intervenes in it, appears to us as a different and independent kind of reality, which, however, cannot be directly perceived from the outside". Juan Ignacio Murillo, "Leonardo Polo and the Mind-Body Problem". *Journal of Polian Studies*, 1 (diciembre, 2014), pp. 79, 91.

pueden adjudicar a la obra cartesiana? O mejor aún, ¿cómo se piensa el cuerpo a partir del método cartesiano?

1. El anatomismo europeo y el hombre cartesiano

El pensamiento cartesiano sobre el cuerpo se gestó en medio de la creciente revolución en los estudios *anatómicos* en las primeras universidades europeas. Para científicos novedosos como Vesalio,[5] a quien se le considera el padre de la anatomía moderna y parteaguas en la comprensión antropológica positiva, el estudio debía partir del esqueleto como estructura o armazón, es decir, como una complicada máquina, independiente e individualizada. Mientras tanto, para científicos importantes como Harvey se partía de la circulación sanguínea.[6] Estas aportaciones fueron posibles gracias a la creación de microscopios avanzados, pues en ese entonces se llevaba a cabo el descubrimiento de las células y su acción mecánica. Dichos avances revolucionaron en gran medida el progreso científico en el conocimiento operacional del *organismo* y la posibilidad de estudiar los fragmentos más diminutos que forman parte de él.

Evidentemente, la disección de cadáveres data desde la escuela de Alejandría en el siglo III a.C.; pero fue hasta la modernidad el momento en que se llevó a cabo su estudio desde tratados completos sobre *anatomía*, los cuales contenían ilustraciones que partían de la observación. El contexto cartesiano se ilustra bellamente en la famosa obra de Rembrandt: "Lección de anatomía del Dr. Nicolaes Tulp": la concentración se dirigía a los hallazgos de nuevas estructuras y su funcionamiento, de las piezas clave para prolongar la vida y cuidar la salud. La inyección de energía en el descubrimiento *anatómico* fue de

5 Cfr. Andreas Vesalius, *De Humani Corporis Fabrica*: *Basel, 1543*, Palo Alto, California, Octavo, 1998.

6 Se dice que la obra en donde postula dicha tesis es William Harvey, *Exercitationes Duae Anatomicae De Circulatione Sanguinis Ad Joannem Riolanum filium*, Rotterdam, Arnold Leers, 1649. Integrada y editada probablemente por Exercitatio anatomica de motu cordis & sanguisnis. Cum praefatione Zachariae Sylvii Medici Roterodamensis. Accesit Dissertatio de corde Doct. Jacobi de Back, Urbis Roterodami Medici ordinarii.

gran relevancia dado que el ser humano ganó terreno entre la vida y la muerte, es decir, en tiempo y bienestar. Sin embargo, como todo avance humano, trajo también sus temibles consecuencias.

El método filosófico y el método anatómico se entrecruzaron en tal medida que, para prospectar una antropología de lo *corpóreo*, se llevó a cabo el método también utilizado para conseguir avances científicos anatómicos. Para pensar, estaba de moda la disección: la descuartización del objeto de estudio. Descartes, entre otros, se encontraba inclinado hacia los nacientes estudios médicos y el cientificismo que se apoderaba de la formación universitaria; interés evidente en la correspondencia que mantiene con los doctores de la época.[7]

No es de extrañarse que el contexto cientificista universitario europeo haya influido en buena medida a lo largo de toda su obra. El *anatomismo* y el furor por sus avances desarrollaron un imperio que pretendió conquistar la naturaleza y sus movimientos, con lo cual, se cayó en el peligro de perder de vista sus principios y desdibujar su finalidad. En la medida que el hombre avanza en su capacidad de manipular el funcionamiento de la naturaleza, sobre todo de la propia, se va endiosando de tal modo que pierde de vista el origen y el sentido de la existencia. ¿Prolongar la vida hasta cuándo? ¿Para qué? Así como en los laboratorios donde la mirada del estudioso se hunde en el microscopio y va obturando el lente para enfocarse únicamente en aquello que en ese momento le interesa, el filósofo se concentra en una ínfima parte de la vida humana y obtura el pensamiento hasta terminar en un método antifilosófico.

Tirar por la borda a la filosofía, a la capacidad del ser humano de la verdad, hace que el hombre desborde su razón en la capacidad de manipular la materia, y que al no saberse capaz de lo superior, dirija sus fuerzas hacia lo inferior. En la antigüedad, los avances científicos tenían un sentido macroscópico y por ello se llegó a conclusiones muy relevantes sobre la relación de la vida humana con el universo y, más propiamente, con la universalidad. En la modernidad el sentido de la ciencia es microscópico, por lo que la perspectiva en

7 René Descartes, *Meditaciones metafísicas...*, p. 109.

cuanto al sentido de los hallazgos se obtura y se llega a conclusiones reduccionistas.

Por todo esto puede decirse que el contexto cientificista cartesiano promueve la idea del cuerpo como un sistema, como una máquina o herramienta a disposición técnica. Léase, por ejemplo, una afirmación de Descartes que bien podría ser la introducción a una clase de anatomía: "el cuerpo humano [...] está formado y compuesto por cierta configuración de miembros y otros accidentes".[8] Maravillados por los descubrimientos médicos, el escenario europeo del siglo XVII descubre en manos de los cirujanos el poder sobre la vida y la muerte. La revolución anatómica consiste mayoritariamente en que las disposiciones de la naturaleza parecen perder importancia a medida que las fuerzas de la técnica ganan terreno. El misterio de la vida parece revelarse como producto del funcionamiento anatómico y, mientras el hombre sepa manipular ese funcionamiento, la vida es producto de sí mismo. El hombre libre y emancipado tan añorado es un técnico.

Ahora bien, la técnica parece no tener límites, lo que puede hacer del hombre un constructor de una infraestructura mundana que incluso le supere a él mismo. Claro es el caso de los avances médicos actuales que suscitan cuestiones éticas que la persona aún no se puede responder. Un ejemplo es el problema de considerar cómo y hasta cuándo conviene mantener viva a una persona mientras su cuerpo funciona totalmente dependiente de aparatos externos. Asimismo, el dilema de determinar cuándo puede considerarse que empieza la vida y cuándo termina, ¿se debe considerar el funcionamiento del corazón, de los pulmones, del cerebro?

Los avances médicos y tecnológicos progresan sin límite, a la vez que las respuestas a las preguntas sobre la persona y su existencia van olvidándose. De esa manera, el contexto de la obra cartesiana puede resumirse como el momento de la sustitución epistemológica de la técnica (*homo faber*) por sobre la verdad (*homo sapiens*). Sin embargo, en la búsqueda de la libertad por medio de la producción, el ser humano termina siendo esclavizado por sus propios productos; la técnica necesita un norte, articularse a la luz de la naturaleza humana y sus fines. El

---

8 *Ibid.*, p. 20.

progreso en la capacidad de dominio en el funcionamiento de la vida, sin enmarcarse en la búsqueda de la verdad, edifica un órgano técnico por el que la persona termina esclavizándose a sí misma.

El pensamiento moderno *desencarna* la vida humana porque mecaniza la vida y esclaviza a la persona en sus propias producciones. El hombre se reconforta en la ilusión de que el poder sobre la vida y la muerte está en sus manos y que es de ingenuos seguir suponiendo la cosmovisión teocéntrica o metafísica que se aprendía en las viejas escuelas. Éste es el contexto que influye en Descartes y le abre la expectativa de encontrar el verdadero principio de la vida humana en el individuo. Partiendo por presuponer al cuerpo como una dimensión extensa, ajena, como un cadáver que siente, se vislumbra la opción de un método que permita encontrar la vida independientemente de éste. El método cartesiano, con miras a independizar el pensamiento de las ataduras *materiales*, presupone al cuerpo como el sospechoso que ha tenido a la persona en la mentira lejos de su libertad, por lo que abre camino al inmanentismo epistemológico y, por consiguiente, al dualismo antropológico moderno.

2. El cuerpo sometido a sospecha

En buena parte, la filosofía antigua puede distinguirse por el descubrimiento de los principios que mueven a los cuerpos que componen el universo. Así, la perspectiva es panorámica y los avances tecnológicos tendieron a hacerse cargo de estudiar antes a los cuerpos celestes y su movimiento, que el funcionamiento de los propios tejidos. En cambio, la modernidad puede distinguirse como la fragmentación de la realidad con el fin de encontrar hasta la más específica de las partículas que integran cada uno de las partes del universo. La perspectiva, por tanto, es microscópica. El análisis, la separación y la desintegración son operaciones racionales propias del método desde el que se conocen las particularidades de la realidad.

Esta perspectiva permite llegar a avances científicos jamás sospechados, en el caso de la medicina, responden a la posibilidad de conocer y manipular el funcionamiento de los fragmentos *corpóreos* más pequeños. No obstante, gran parte de los descubrimientos se deben a la disección de cadáveres para poder observarlos detenidamente, o dicho de otro modo, los descubrimientos presuponen estudiarlos en su carácter de objeto ajeno a la vida de la persona que lo *encarnó*.

Éste es el contexto donde surge el presupuesto del método cartesiano: el cuerpo se significa como un objeto extenso, un órgano con su propia dinámica. El pensamiento antropológico moderno mira al cuerpo y a la persona como si fuesen dos realidades con un modo de operar distinto e independiente. Pareciera que, por un lado, está la vida del cuerpo, y por otro, la vida del hombre. Ahora bien, ¿cómo opera el cuerpo? Hablando en términos mecánicos, es un aparato de necesidades e impulsos, un sistema que traduce energía en sensaciones. La noción de la *res extensa* cartesiana no nos es extraña, al contrario, vive hoy más que nunca; es el presupuesto desde el que se cree firmemente, por ejemplo, que los robots están por alcanzar la vida humana.

Con todo esto, si el cuerpo es el aparato que opera con la materia, ¿qué es realmente el alma de la que hablan los clásicos? ¿Qué nos distingue realmente a los humanos? Bien, si nuestro cuerpo es algo distinto a lo que somos, se habrá de sospechar de todo lo que creemos saber de nosotros por medio de él y sus sensaciones. Todos conocemos a dónde conduce el camino, lo único que podemos afirmar es que pensamos; pero afirmar que se piensa no es lo mismo que sostener que lo que se piensa es real. Pensar y lo que se piensa no son lo mismo; así, en última instancia, divorciar al hombre de su cuerpo, implica divorciar su pensamiento de la realidad.

El método cartesiano sospecha de la capacidad del hombre de conocer la verdad, pero ¿qué le impide al hombre la verdad? El cuerpo:[9] "He experimentado que a veces tales sentidos me engañaban, y es prudente no fiarse nunca por entero de quienes nos han engañado alguna vez".[10] La duda de que el ser humano sea capaz de fines metafísicos, como la verdad, le reduce a un ser necesitante. ¿Qué libertad puede alcanzar mientras se encuentre constreñido en su cuerpo? Si según la razón, la vida es pérdida de tiempo, pues la razón se pierde

---

9 Cfr. René Descartes, *Meditaciones metafísicas…*, p. 33.

10 Cfr. *Ibid.*, p. 18.

en ella misma; entonces, el ser humano es incapaz de trascenderse. Cuando ha negado su grandeza metafísica,[11] ha negado también todo lo que surge de ella.

¿Qué le queda? Al mismo tiempo, así como la razón se ha despojado del cuerpo y, por tanto, de la realidad, el cuerpo se ha despojado de la racionalidad y, en consecuencia, de un sentido trascendente. ¿Qué es un cuerpo humano irracional? Es un organismo impulsivo, un ente que opera funciones independientemente del hombre, un objeto que funciona bajo el principio del placer y en orden a la muerte.

En consecuencia, la modernidad se abre en un juego de dilemas, en un movimiento pendular en el que de un lado está el espíritu entendido como pensamiento, y en el otro, el cuerpo entendido como máquina. Del movimiento surgen infinidad de callejones sin salida, reduccionismos antropológicos conformistas en los que la libertad no comparece. Así, cuando el juego por la libertad mediante el método analítico conduce a puros callejones sin salida, termina por jugarse de forma que se abandona el juego mismo, pues, a fin de cuentas, solamente queda la experiencia.

Tras las desilusiones del racionalismo y los materialismos, cabían dos posibles caminos para anotar el quid de lo distintivo humano, los cuales se han recorrido durante el siglo XX con más o menos fortuna. El primero consistía en centrar la atención en algo superior a la operatividad racional y volitiva. Se trataba de reparar en el sujeto, en la subjetividad asumida como consciencia trascendente, lo que originará que, en el análisis propio de la modernidad, se disuelva al espíritu en un yo, subjetivista y autorreferente, donde a su vez, el cuerpo se encuentra disuelto en un fenómeno sin contorno. El segundo camino son todos los reduccionismos en operaciones humanas inferiores como el lenguaje, el poder, la economía, la política y los hallazgos de las ciencias positivas que bien describen la panorámica de hoy en día.

---

[11] Cfr. Joseph Ratzinger, *Mirar a Cristo. Ejercicios de fe, esperanza y amor,* Valencia, EDICEPI, 2005, p. 83.

3. La disolución del espíritu

La historia, entendida a la luz de la filosofía clásica, no tiene un sentido antropológico, sino metafísico; de esa forma, categorías como la verdad y el bien, el acto y la potencia, el uno y el todo, ordenan la vida humana. No obstante, la consecuencia directa del abandono de la metafísica y sus coordenadas cosmológicas repercuten directamente en la comprensión del hombre en cuanto a su devenir que es el tiempo. El rechazo por lo universal, la fragmentación del hombre con el cosmos y con su sentido interpersonal implican desorientación en el sentido del tiempo.

En la modernidad, la historia se comprende como una cadena continua de evolución progresiva hasta un cumplimento definitivo –el determinismo histórico– o como un infinito de épocas dependientes de cada perspectiva humana –relativismo histórico–. Las consecuencias antropológicas suponen que la aceptación del primero encierra al espíritu en una subjetividad, la cual participa del devenir del tiempo de un modo necesario donde la libertad no juega ningún papel. Por otro lado, la aceptación del segundo abre al espíritu a un devenir sinsentido ni destinatario, lo cual es totalmente desorientador.

Esto tiene mucha relevancia para el significado del cuerpo, pues respecto a la dimensión histórica de la persona, tanto determinismo como relativismo históricos rechazan el sentido metafísico, y mucho más trascendental, del paso del hombre por el cosmos. Esto reduce el tiempo en un puro existir irrelevante y carente de proyecto; además, se tira por la borda el pensamiento realista porque el propio pensamiento se ensimisma. El subjetivismo moderno, por consecuencia, asume los aspectos *corpóreos* humanos como fenómenos conscientes. En ese sentido, cuerpo, figura, extensión, movimiento y lugar ya no se consideran aspectos propios de la materia, sino categorías pertenecientes al sujeto que experimenta la realidad.

Se ha dicho que el contexto europeo en los comienzos de la modernidad incide en la objetivación del cuerpo; pues bien, la consecuencia parece culminar en la subjetivación de la vida. Es sabido que esta inclinación admitió diversas variedades: la cristiana, la acristiana e incluso la atea; y todos sus representantes tienen a su favor centrar la curiosidad en la persona humana y no en sus facultades. Pese a este incuestionable juicio, el método para alcanzar la realidad personal no parece haber sido el conveniente.

Proponerse distinguir entre conocimiento objetivo y conocimiento subjetivo es una aportación relevante en tanto que distingue al cuerpo vivo del cuerpo vivido; sin embargo, no acierta a relatar estrictamente la cualidad de este segundo con elevación cognoscitiva y, por tanto, en sus mensajes filosóficos, la deficiencia en teoría del conocimiento es suficientemente obvia. En cualquier caso, abierta o implícitamente, dada la subjetividad comprendida como conciencia trascendente, se sigue considerando que la razón es la instancia cognoscitiva más alta, pero como ésta es menor a la persona y no es persona, dificultosamente podrá comparecer con la libertad.

Por eso atina quien acusa que en muchos de esos planteamientos el sentido de la persona humana se diluye y el cuerpo pierde contorno y sentido; se desentiende, no únicamente de la naturaleza, también de su carácter personal.

Se puede decir que la filosofía moderna va desde el siglo XVII al XIX, a partir de Descartes cuyas consecuencias se manifiestan en el siglo XX. Antropológicamente hablando, la modernidad establece su radical en la subjetividad que abre paso a un individuo autónomo, independiente, autosuficiente, emancipado de la metafísica y sus principios. De ello, devienen consecuencias importantes en la comprensión del cuerpo. El contexto en el que nace la obra cartesiana, *desencarna* la vida humana porque, al objetivizar la corporalidad, mecaniza la vida y esclaviza a la persona a sus propias producciones.

Posteriormente, se ve que el método pretende autofundamentar la razón y al cuerpo como dos realidades, además, distintas. El cuerpo despojado de la racionalidad no es más que un organismo impulsivo, un ente que opera funciones independientemente del hombre, un objeto que funciona bajo el principio del placer y en orden de la muerte. Tras las desilusiones del racionalismo y los materialismos, las consecuencias últimas del método analítico terminan por reparar en el sujeto, en la subjetividad asumida, una consciencia trascendente. De esa manera, se logra distinguir al cuerpo vivo del cuerpo vivido; sin embargo, el método epistemológico no logra superar el límite de la razón, por lo que no se alcanza a fundamentar a la persona adecuadamente, en cambio, se diluye y el cuerpo se pierde en el devenir de la experiencia.

A continuación, se presentará de manera escueta la antropología de diversas corrientes, organizadas no por razones cronológicas, geográficas ni por grado de relevancia, sino por ser consideradas aportaciones consecuentes con el radical moderno; asimismo, porque de ellas devienen importantes consecuencias desde las que se puede rastrear la crisis contemporánea respecto al cuerpo.

El enfoque antropológico con el que Leonardo Polo aborda la problemática del método moderno es muy novedoso y profundo, además de que ayuda a establecer las coordenadas desde las que puede orientarse el estudio del cuerpo en la modernidad. Para Polo, el método moderno padece de una triple carencia: *a)* de fundamento, *b)* de un sistema total que le otorgue consistencia y *c)* de un referente que oriente los fracasos. Así es como diagnóstica la crisis de la ciencia y la ejemplifica a partir del Trilema de Munhaussen, acuñado en el contexto de la teoría del conocimiento a mediados del siglo XX por Hans Albert.[12]

Pues bien, sirviéndonos de este diagnóstico, lo que se pretende es profundizar en las consecuencias para significar al cuerpo: *a)* en tanto que una herramienta sometida al infinito progreso tecnológico a falta de principios; *b)* en tanto un ente que se opera a sí mismo independientemente del hombre, y *c)* en tanto que un fenómeno de experiencias que remite a sus mismas experiencias. Con base en este diagnóstico, podemos decir que, en la modernidad, el cuerpo no es propiamente un problema, sino más bien un *trilema*; es decir, un problema de alta complejidad donde las soluciones, lejos de abrir paso, obturan el camino en la vía del enigma. En ese sentido, tal trilema del cuerpo tiene tres grandes vías que se pueden formular así: *a)* el cuerpo es una *herramienta*, *b)* el cuerpo es un *órgano de impulsos*, y *c)* el cuerpo es un *fenómeno aparente*.

---

[12] Cfr. Leonardo Polo, *Quién es el hombre. Un espíritu en el tiempo*, Madrid, Rialp, 3a. ed., 1993, pp. 28-30; *Sobre la existencia cristiana*, Pamplona, EUNSA, 1996, pp. 146-148; *Epistemología, creación y divinidad*, Pamplona, EUNSA, 2014, pp. 77-80.

B. Tres vertientes enigmáticas sobre el cuerpo

El planteamiento moderno sobre el cuerpo y su significado oscurece su relación con la libertad personal, con la novedad propia del hombre. La sobreabundancia de datos experimentales no se sintetizan en una explicación orgánica acerca de la naturaleza *corporal*, más bien, en un cúmulo de afirmaciones que la desintegran. Por si fuera poco, se obtienen teorías dobles en las que científicos compiten por imponer su perspectiva especializada y termina por haber dicotomías irreconciliables en un mismo ámbito del conocimiento.

Por otro lado, la búsqueda de una teoría definitiva explicativa de todo el universo natural que incluya al hombre, su aparición en el mundo y su sentido en el cosmos, se persigue desde una única disciplina científica que por método excluye otras realidades. El problema es que se pretende encontrar el significado del cuerpo desde una mentalidad tecnológica que se identifica con el progreso, pero cuya relación con el cosmos es problemática y no se diga ya, su relación con la divinidad.[13]

En consecuencia, el significado moderno del cuerpo se abre a un ilimitado espectro de posibilidades; sin embargo, como se ha explicado anteriormente, pueden detectarse tres vertientes enigmáticas estelares a las que nos conduce el abordaje moderno. El cuerpo en la modernidad es una especie de trilema que, lejos de mostrarse misterioso, se presenta enigmático en un triple callejón sin salida.

La primera consecuencia es que sin coordenadas trascendentales, o por lo menos extramentales, toda proposición es consecuencia de otra infinitamente, pues la razón carece de fundamento. Sin fundamento natural, la progresión tecnológica es infinita y carente de

[13] "The technological mind sees nature as an insensate order, as a cold body of facts, as a mere 'given', as an object of utility, as raw material to be hammered into useful shape; it views the cosmos similarly as a mere 'space' into which objects can be thrown with complete indifference". Romano Guardini, *The End of the Modern World*, Delaware, ISI Books, 1998, p. 55.

rumbo. Por eso, los conocimientos anatómicos sobre el cuerpo y los descubrimientos sobre su funcionamiento se embarcan en una tarea infinita que pretende un progreso social, pero en realidad, sin rumbo difícilmente puede haber progreso. La propuesta antropológica de algunos autores modernos como Hobbes, Marx y Engels es coherente con este modo de significar al cuerpo.

La segunda consecuencia es que, como no hay axiomas sobre los que establecer un sistema total que otorgue consistencia a la identidad humana, la perspectiva antropológica se reduce en un escepticismo analítico. El cuerpo desenraizado de su disposición racional y de la persona que lo encarna se reduce a un aparato de impulsos y deseos. Las antropologías de Feuerbach, Nietzsche y Freud dan buena cuenta de ello.

Finalmente, la tercera consecuencia es que, en el intento por rescatar el núcleo que piensa y que siente, la subjetividad carece de sustancia o trascendencia que oriente su crecimiento ante los fracasos, lo que reduce al hombre a su cualidad de fenómeno, a su apariencia.[14] Puede pensarse que Descartes, Kant[15] y Hegel sientan las bases epistemológicas de las que posteriormente Husserl, Scheler, Heidegger, Michel Henry, Sartre, Gabriel Marcel y Merleau-Ponty se sirven para una mayor claridad en cuanto al acercamiento a la vida de la persona; sin embargo, el cuerpo pierde realismo y se disuelve en su fenomenicidad.

A la luz de la síntesis de los posibles significados del cuerpo, la crisis, y sus manifestaciones tienen en su origen una crisis antropológica. El problema no es propiamente del espectro moderno, sino del que pone su esperanza por la libertad en él. El reduccionismo antropológico moderno pretende comprenderlo desde un método no apto; de ahí la conveniencia de profundizar más allá del ser del hombre si se desea hacerse cargo del problema. La obturación en la que se encuentra el significado del cuerpo puede atravesarse mediante la comprensión de

---

14 "Mientras prevalezca el punto de vista de que el objetivo supremo de la ciencia es la búsqueda de la verdad, se debe saber que el camino hacia la verdad pasa por teorías que se mejoran continuamente. Es por ello ingenuo pensar que un paso particular forma ya parte de la verdad o pensar que alguien se encuentra en el verdadero camino". Imre Lakatos, *Historia de la ciencia y sus reconstrucciones racionales*, Madrid, Tecnos, 1970, p. 147.

15 Immanuel Kant, *Crítica de la razón práctica,* México, FCE, 2005.

un conocimiento que renuncie a ese reduccionismo y acepte un acercamiento integral que supere la crisis moderna, de manera que se vaya más allá de la metafísica.

Para muchos científicos y filósofos un planteamiento como éste es escandaloso, pero es decisiva la aportación que añade a su actividad intelectual. Naturalmente, ese valor trascendental de la persona humana no lo capta quien no está abierto a un conocimiento más allá de los datos experimentales, más allá del escepticismo y más allá del subjetivismo.

1. Herramienta de dominio

Cuando la actividad humana es comprendida metafísicamente, la vitalidad del cuerpo se jerarquiza y la técnica se supedita a la contemplación; los productos humanos obedecen al orden del mundo gobernado por los principios de la unidad, la belleza, y por encima, el bien y la verdad. Por tanto, la lógica antropológica también se ordena a la luz de los primeros principios y, por tanto, el cuerpo se significa como materia de la sustancia humana.

En la modernidad, la importancia de la *poiesis* clásica es remplazada por la del acto productivo;[16] el perfeccionamiento del hombre en su hacer es sustituido por el principio del resultado, y en consecuencia, la noción del cuerpo humano se entiende como un ente material moldeable con finalidades utilitarias.[17] Ejemplo de ello es la analogía cartesiana del navío de un piloto o el funcionamiento de un reloj;[18] en el fondo, se trata de una noción mecánica cuyo radical es la producción: "El cuerpo humano ya no es el mismo, por el solo hecho de cambiar la figura de alguna de sus partes".[19]

---

16 Cfr. Ignacio Miralbell, "La herencia escotista en la filosofía política moderna". *Ideas y Valores*, 163, 66 (2017).

17 Cfr. René Descartes, *Meditaciones metafísicas…*, p. 15.

18 Cfr., *Ibid.*, pp. 68 y 71.

19 *Idem.*

La devaluación de la capacidad humana de perfeccionarse y la desvalorización de la virtud frente a la productividad tienen un trasfondo teológico. Esta noción está influida por planteamientos como el de Escoto sobre el miedo a considerar como paganismo la propuesta aristotélica, la cual ofrece la posibilidad de que, mediante el conocimiento y la voluntad, el ser humano sea capaz de Dios. Por su parte, en los orígenes del protestantismo se niega dicha capacidad humana y se obtura el alcance de las facultades superiores.[20] Si el ser humano no es capaz de Dios y más aún, no es capaz de trascender, entonces, operaciones como la contemplación carecen de sentido. De esta manera, la voluntad, divorciada de la inteligencia, parece ser el núcleo que responde por el cuerpo y su sentido. El interés del filósofo, al estilo de Hobbes, se reduce a la experiencia social individual, por lo que su antropología y epistemología desembocan en la praxis social del individuo cuyo producto es la creación del Estado.

Para una visión sociológica de la existencia que pretende una ingeniería social, el cuerpo parece tener una voluntad agresiva y sin freno, una fuente de la lucha egoísta de todos contra todos para satisfacer el instinto de conservación y supervivencia. Por este motivo se deduce que el hombre debe producir la salvación a dicha condición natural. El ser humano detecta la necesidad de imponerse mediante un orden soberano sobre el individuo: el Estado. La organización política común con sus propios órganos de gobierno es creación de la voluntad humana moderna; no obstante, paradójicamente, somete las voluntades individuales de todos y la corporalidad de cada uno se significa como una parte del engranaje mecánico de la vida social.

Siguiendo por la misma línea, pero mucho más tarde, el marxismo supone que lo propio del cuerpo es la producción de mercancías de valor social. Es un artefacto que, como cualquier otro, obedece a las leyes de la fabricación. A fin de cuentas, todas esas actividades son funciones del *organismo* humano y cada una de ellas representa un gasto de cerebro, de nervios, de músculos y de los sentidos.[21]

---

[20] Cfr. Leonardo Polo, *Presente y futuro del hombre*, Madrid, Rialp, 1993.

[21] Cfr. Karl Marx, *El capital*, Vol. 1, México, FCE, 2a. ed. 1995.

El pensamiento marxista tiene como cauce la idea de que no se pueden hacer cambios sociales cambiando las ideas de los individuos, sino que, para cambiar las ideas, debe hacerlo también la vida *corporal*. Es posible hacer una analogía con el materialismo feurerbachiano transformado de teórico a práctico. A diferencia de la perspectiva naturalista, la vida se comprende como activo transformadora y se concreta en hacer objetos; el hombre se hace a sí mismo, es producto de sus propias manos, incluso, las necesidades y tendencias *corpóreas* tienen un modo de satisfacerse: el trabajo. Puede decirse que la vida humana se comprende como radicalmente laboral.

El radical productivo, consecuencia de la primera carencia antropológica, consiste en someter la vida humana al principio del resultado. Cuando es así, incluso la relación entre varón y mujer es comprendida como un acto de producción de otros seres humanos, en donde ambos cuerpos son la herramienta utilizada para dicho trabajo. Ahora bien, en Marx, la producción más valiosa no es la que el ser humano hace para sí mismo, sino que el mayor valor es el de producir utilidades para la sociedad entera: a mayor beneficio social, mayor es el valor de la producción.[22] Es por esto que además del cuerpo, la conciencia del hombre es considerada como producto del intercambio laboral entre los seres humanos. El modo en que se usan los cuerpos como herramienta de producción y el modo en que se significan con el lenguaje crean la conciencia que es siempre social.[23]

No es de extrañarse que su visión de la historia es la lucha interminable entre grupos de opresores y un grupo de oprimidos.[24] La consideración del cuerpo a partir de un discurso de relaciones de poder no se abandona en el siglo XIX e impacta a pensadores del siglo XIX como Michel Foucault,[25] para quien el cuerpo es precisamente el resultado de los juegos sociales de poder; sin embargo, inmerso en

---

22 *Idem.*

23 Cfr. Eusebi Colomer, *El pensamiento alemán de Kant a Heidegger. El postidealismo: Kierkegaard, Feurerbach, Marx, Nietzsche, Dithley, Husserl, Scheller, Heidegger*, Barcelona, Herder, t. 3, 1990, pp. 203-217.

24 Cfr. Karl Marx y Friedrich Engels, *El manifiesto comunista*, Barcelona, Península, 2017.

25 Cfr. Michel Foucault, *Historia de la sexualidad,* I. El uso de los placeres, y II. La inquietud de sí, México, Siglo XXI, 1986.

un ambiente filosófico postestructuralista, sería más propio pensar que, desde su perspectiva, es objeto de disolución en el discurso.

La finalidad humana como orden social para el infinito progreso productivo, donde el ser humano debe imponerse sobre su cuerpo y servirse de él para un infinito avance sin rumbo o destinatario, no es una idea caduca. Manifestación de ello es el fenómeno actual que considera los adelantos médicos como un medio del orden social y productivo, en lugar de perseguir la preservación de la salud y vida de la persona. Sin embargo, se vuelve altamente contraproducente dado que provoca un sistema tecnológico que se vuelve incluso contra su propio cuerpo y, no se diga ya, contra todas sus dimensiones manifestativas y personales.

De igual manera, la ideología de género también es un ejemplo de ingeniería social. Se funda en la idea de que el cuerpo humano se entiende como un ente material moldeable con finalidades utilitarias que se proponen como sistemas ideológicos bajo los cuales someter la vida. Como muchos pensadores modernos se propone el rechazo a la naturaleza y sus distinciones para el funcionamiento de una sociedad igualitaria y productiva. ¿No es la misma idea desde la que se propaga actualmente la apuesta por el aborto, por los tratamientos de inversión hormonal y la procreación *in vitro*? ¿No puede comprenderse desde aquí la idea de la adopción como un derecho a tener hijos, en lugar de un derecho de los huérfanos a ser cuidados por unos padres? El argumento último es de corte neomarxista: el cuerpo debe dominarse para la productividad individual y finalmente social. Y si se entiende el cuerpo de esa forma, definitivamente, se comprende que la filosofía sea vista como un pasatiempo despreciable, mientras que los avances en inteligencia artificial, genética y nuclear sean considerados los hallazgos más relevantes del momento.

El materialismo histórico es una postura desesperante. El significado del cuerpo en una antropología encausada a un progreso infinito sin rumbo ni destino no comparece con el anhelo de libertad humano. Sin destino o destinatario no hay posible progreso; por eso, la ingeniería social nunca soluciona los problemas que se propone y oscurece el significado de la historicidad de la vida humana.

En suma, la decisión moderna significa un recorte del patrimonio más grande del pensamiento, en primer lugar, del cristianismo, pero también del pensamiento griego. Aunque la ciencia técnica se desarrolla enormemente, al mismo tiempo va aumentando el vacío apático consecuencia de las dimensiones abandonadas, en especial, la de un proyecto vital más allá de la productividad humana, es decir, un proyecto trascendente. La decisión de negar la fecundidad de la libertad es una que rechaza las metas supremas, declarándolas utópicas, inasequibles y poco valiosas dada su carencia de valor práctico. El pensador moderno parece defender que la dimensión espiritual de vida se le da muy mal y, en cambio, dominar lo creado se le da bastante bien; por ello, naturalmente, se dedicará a esto último. El abandono de una antropología trascendental, o por lo menos metafísica, reduce al hombre a sus propios productos.

Pero, ¿por qué no controlamos la técnica? Porque se le ha desterrado de la noción de naturaleza y solamente queda concentrar los esfuerzos en los resultados de fabricación. La visión pragmática hace de los avances que suponían ser los aliados de progreso social un peligroso enemigo, pues se desposee de sentido humano. Se le da al cuerpo un carácter deshumanizante en tanto que el hombre pierde su propio fin y queda reducido a una pieza de la gran maquinaria social. Una sociedad moderna se distingue porque construye un mundo tecnológico que se escapa de la mano del hombre y, por lo tanto, es inhumano.

2. Aparato de impulsos

La vida humana encerrada en su historia como una producción voluntaria sin origen ni destino es triste y desesperante, porque fundamentalmente carece de sentido. Dentro de todo este contexto, el ser humano, constructor de dirección, se queda perplejo ante sí mismo, y por consiguiente, ante su cuerpo. ¿Qué le queda a la vida cuando la racionalidad ha sido repudiada? Freud atina muy bien a detectarlo: al ser humano le resta empequeñecer el sentido de su vida y fundarla en el principio del placer y la muerte.

La vida deshumanizada no se animaliza, pues no persigue el principio de supervivencia, se vive desalmado. Para el pensamiento cristiano, la convicción por los trascendentales, como el amor, ordena la vida del hombre quien va disponiendo de estas pulsiones a la luz de un proyecto vital. Para los griegos, las pasiones se ordenan según la virtud. A su vez, el hombre moderno se pierde en la objetivación del mundo y de sí mismo, comprendiendo su vida como un proceso intramundano que responde a las fuerzas del cosmos porque en él reina la lógica de la materia.

El hombre desalmado sin razón es considerado un individuo más de su especie. ¿Y qué es lo más propio de su vida? Su pertenencia a la especie. Feuerbach se destaca bien en esta propuesta donde hasta la subjetividad individual pierde fuerza, pues la esencia del individuo es considerada la pertenencia a su especie y el cuerpo como el conjunto de capacidades humanas específicas a las que todo ser humano se encuentra sometido.[26] El individuo se comprende tan solo como una realidad precaria que de continuo surge y desaparece mientras la especie sobrevive.[27] Dado que el cuerpo es lo superior, la experiencia sensible es más confiable que la abstracción conceptual que pretende poner la esencia fuera de lo que existe.

En dicha propuesta, el racionalismo es destronado radicalmente al considerar al hombre propiamente como ser sentiente,[28] por lo que antes de que el ser humano pueda determinar conscientemente a su cuerpo ya se encuentra antes determinado por éste. El determinismo naturalista es el callejón sin salida sin cabida para la libertad.

Es de relevancia rescatar que cuando la libertad personal es desechada, la noción de divinidad muere con ella: sin libertad no hay Dios y tampoco vidas íntimas; de ahí que la humanidad como especie es considerada creadora del universo, la humanidad como especie es Dios.[29]

---

[26] Cfr. Ludwig Feuerbach, *La esencia del cristianismo. Crítica filosófica de la religión*, México, Juan Pablos Editor, 1971.

[27] Cfr. Eusebi Colomer, *El pensamiento alemán…*

[28] Cfr. *Ibid.*, pp. 98-101.

[29] "[…] el hombre individual […] sabe que es el objeto de la creación; pero no sabe que es la causa, porque distingue la causa como otro ser diferente a él". Ludwig Feuerbach, *La esencia del cristianismo...*, p. 109.

La idea pretende ser una antítesis hegeliana y puede comprenderse como el semillero del materialismo dialéctico marxista. En suma, puede decirse que el cuerpo es comprendido a partir de la inversión de la metafísica o lo suprasensible en favor de lo material, interés que coincide con la propuesta de Nietzsche.

El canon de vida está ya prescrito en el cuerpo, por lo que evaluar, juzgar, preferir o jerarquizar es absurdo y contrario a lo que el ser humano es. La filosofía, cuya pretensión era la verdad, se convierte en un ejercicio que apunta a la creación de un mundo subjetivo a su imagen y semejanza, con lo que priva al ser humano de sus verdaderas posibilidades.[30] El hombre moderno no distingue la libertad del voluntarismo que, desterrado del bien y la verdad, se reduce a la capacidad de autosatisfacerse. La vida se le encierra en una idea materialista, e intentando emanciparse, se hunde más en sí misma.

El método tanto de Feuerbach como de Nietzsche solamente puede alcanzarse partiendo del autodesprecio. Esto es así, pues en primer lugar, si el ser humano es miembro de una especie, evidentemente, el todo es mayor que sus partes y poco importa una parte de la humanidad en relación al todo, esto es, poco importa cada vida humana. Además, el repudiarse a uno mismo es el primer paso para negar la metafísica: si el ser humano se aprecia, se ve a sí mismo un valor, y quien presupone un valor no puede adjudicarse seguidor de la propuesta nihilista. Los reduccionismos, del orden que sean, atentan directamente contra la dignidad del cuerpo, es decir, con el valor de cada quien. No pueden presuponerse valores si el ser humano es el creador de los mismos.

La consecuencia de esta postura es el destronamiento del espíritu, que aún en la perspectiva cartesiana era metafísico, y es reemplazado por la subjetividad. En el individuo reina un sí mismo absurdo y autorreferente,[31] cuyo máximo proyecto es la ley de la supervivencia del más fuerte para la conservación de la especie. El cuerpo del superhombre es una multiplicidad de impulsos, deseos e instintos sin

---

30 Cfr. Friedrich Nietzsche, *Más allá del bien y del mal. Anticipo de una filosofía futura* (intr. y ns. Luis Benítez), Buenos Aires, Ediciones Lea, 2015.

31 Cfr. Jesús Conill, "La subjetividad desde el cuerpo en Nietzsche. Una fuente de inspiración del pensamiento español contemporáneo". *Quaderns de filosofía*, 1, II (2015), pp. 61-78.

fundamento, cauce o sentido. El ser humano es un absurdo encarcelado y sometido por un cuerpo que es un cúmulo de tendencias absurdas en un mundo, a su vez, absurdo y enemigo en el que las cosas mueren y vuelven a surgir una y otra vez, por razones desconocidas. La vida humana responde a la dialéctica de la materia y solamente los ignorantes se ciegan asumiendo que existan fuerzas ajenas al mundo y al cuerpo.

Enmarcado en la cosmovisión de la obra nietzscheana, en el subjetivismo de la filosofía y la moral, el cuestionamiento mediante el que se pretenden enterrar las ideas de un más allá no culmina. De ahí nace el andamiaje de dimensiones psíquicas por medio del cual el hombre moderno se intenta explicar la fuente de todas aquellas preconcepciones metafísicas y religiosas.

La vida moderna es freudiana en muchos sentidos, pues pretende explicarse a sí misma mediante la detección de una inconsciencia determinante que responda a las inquietudes sobre la vida de cada quien.[32] Puede decirse que el significado del cuerpo en Freud es consistente con el nietzscheano, pero el método para conocerlo se relaciona con las aportaciones de Dilthey.[33] La subjetividad psicoanalítica y psicoanalizada se entiende bajo la óptica del principio del placer; además, se considera como el resultado de estos principios que el cuerpo obedezca necesariamente, pero se vea imposibilitado de satisfacer, pues está condicionado por tiempo y espacio.

En otras palabras, el moderno asume su subjetividad como la tensión entre el cuerpo y un cosmos que les es ajeno y enemigo. Las manifestaciones humanas como el lenguaje, el arte, la política, la economía y la ética se explican como la necesidad de distraerse de la insatisfacción pulsional. La actividad científica, artística y cultural tiene un sentido autosatisfactor, ya que provoca complacencias sustitutivas sostenidas por la imaginación. En suma, todos los productos humanos son una analogía del vientre materno, una creación fantástica del entorno en donde toda necesidad se encuentra satisfecha. Así explica

---

32 Cfr. Sigmund Freud, *El malestar de la cultura*, Madrid, Ediciones Akal, 2017.

33 Cfr. Jorge Armando Reyes, "Importancia y repercusiones del pensamiento de Dilthey en la hermenéutica filosófica del siglo xx". *Revista Filosofía de la Universidad de Los Andes*, 23 (2012).

el moderno por qué en muchos seres humanos existe un sentimiento oceánico al que se le había otorgado la idea de necesidad religiosa.

Para Freud, ésta no es otra cosa que una fuente *corporal* insatisfecha, es la nostalgia por la omnipotencia de los padres y su amparo frente a las pulsiones, tendencias y necesidades infantiles. La vitalidad del cuerpo natural domina sobre una subjetividad endiosada gracias a la prótesis de sus artefactos, pero que no logra ninguna satisfacción o liberación al respecto. La única libertad posible en la noción psicoanalítica es la satisfacción, imposible pero deseada, de todas las pulsiones por las que el hombre se siente dominado.[34]

La concepción del cuerpo como aquella máquina a la que el ser humano se encuentra sometido llega hasta la actualidad. Esto puede ayudar a comprender en parte por qué la biología molecular, las neurociencias y otras subespecialidades anatómicas poseen un lugar exclusivo en la consideración de asuntos referentes a la *corporeidad* humana e incluso al comportamiento humano y su eticidad. También puede comprenderse la pretendida sistematización de los órganos de salud, de educación y de estados civiles con base en las pulsiones. En muchos países occidentales, parece que el papel del Estado fuera romper todas las barreras que imposibilitan a la persona satisfacer sus tendencias, impulsos, deseos y pulsiones apetitivas.

El problema es que los seres vivos específicos como los animales tienen instintos, perfecta y necesariamente, regulados por la ley de la supervivencia de la especie; mientras que la persona humana no posee impulsos específicos, al placer innatos, y mucho menos orientados necesariamente a la supervivencia de la especie. Si fuese así, todo ser humano sentiría repulsión por el tabaco, por ejemplo. Los principios del placer y la muerte efectivamente juegan un rol en la vitalidad humana, pero se encuentran a disposición de las facultades superiores de las que la persona dispone. Además, se configuran con base en las experiencias de cada uno; sin proyecto vital, las tendencias al placer como principio de actuar, dan lugar a personas desesperadas.

La voluntad productiva sin coordenadas trascendentales pierde al cuerpo en una noción mecanicista y al hombre en un infinito

---

34 Cfr. Sigmund Freud, *Obras completas*, Madrid, Biblioteca Nueva, 1996.

progreso tecnológico donde desaprovecha su proyecto vital. Cuando la inteligencia y la voluntad pierden su objeto metafísico correspondiente, la persona se abandona a sus impulsos deshumanizados. El principio del placer opera como fundamento de una vida desorganizada que, por consiguiente, decrece; y mediante él, se pretende explicar la vida desde el cuerpo como si se tratara de un aparato ajeno y dueño del hombre a la vez.

Sin origen ni finalidad en el mapa, la antropología se obtura y la historia se reduce a instancias, a momentos psicológicos. Es la licuefacción de todas las demás aportaciones modernas: fragmentados del universo, fragmentados de la historia, fragmentados de nuestro origen y finalidad, sin dominar nuestra constitución y nuestro cuerpo. Cabe ultimar, si no tenemos un convencimiento seguro acerca de nada de esto, el hombre no tiene esencia.

Después del caos moderno, el hombre observa más claramente que existe: sufre, luego existe, pero es una mera existencia. No queda más vida humana que el puro acontecer, y el único asidero a la mano es su localización, donde la historia se fragmenta en instantes y la libertad se diluye en el devenir. La vida es puro suceso finito en la soledad de la existencia. Al sólo poder apelar a sí mismo, sin la posibilidad de vínculos para existir, el hombre no podrá significar su cuerpo que es, fundamentalmente, histórico y biográfico, además de familiar y donal sobre todo.

3. Disolución en un devenir

¿Cómo ha sido posible la catástrofe de la integralidad del hombre y la hemiplejía histórica que se disuelve en puros instantes? La crisis antropológica no siempre se manifiesta con un alarido excedido, y en este caso, más bien a través del sinsentido de un pensamiento desahuciado, una voluntad pragmática a cargo de un hombre sin destino, y una afectividad que tampoco es capaz de ofrecer ningún tipo de referente establecido y al contrario, se precipita y mengua con facilidad. ¿Qué le queda al hombre moderno? Nada, sino disolverse, *desencarnar*, perderse en el devenir, en el tiempo. Le queda afirmar que, quizá, el cuerpo objetivamente exista y tenga principios naturales a los que obedece, sin embargo, no necesariamente tiene algo que ver con la persona que se experimenta a sí misma. Le queda resignarse a la experiencia que va teniendo de sí mismo y a los modos de manifestarla. Así pues, le queda la disolución de sí mismo en un devenir existencial que se aferra a la fenomenicidad epistemológica y se desentiende de la realidad ontológica. Le quedan intentos antropológicos sistematizantes, totalizantes y conglomerantes para integrar su existencia, pero desatiende por quién vive el tiempo.

Puede pensarse que Descartes,[35] Kant[36] y Hegel establecen las bases epistemológicas para descuidar la existencia objetiva de la realidad, del hombre y, por supuesto, del cuerpo. Se trata de un enfoque en el que se problematiza de fondo la capacidad humana para descubrir la realidad tal como es. No se trata de una actitud meramente relativista o escéptica, porque se pretende obtener un saber humano que prescinda totalmente del auxilio de toda ambigüedad o vacilación, gracias al preciso control sobre el cual se debe desplegar el conocimiento del sujeto humano.

Estos pensadores consideran ingenua la condición de quien aguarda que su mente sea medida de la realidad, y por consiguiente, es preciso emprender un avance del pensar, donde el sujeto se proporcione a sí mismo sus propias reglas. En este proceso, la razón va refutando todo condicionamiento exterior y pretende bastarse con lo que en sí misma encuentra. Es, por lo tanto, un inmanentismo cognoscitivo que, no por negar la trascendencia epistemológica, niega la trascendencia ontológica, la existencia real del mundo y, por tanto, del cuerpo y del hombre.

Este contexto epistemológico es antecedente de Husserl,[37] para quien la conciencia nace en el roce de la piel. El cuerpo sintiente es alborada del auto reconocimiento y la *carne* es una suerte de base sobre la que deviene un sí mismo, que se va distinguiendo del

35 Cfr. René Descartes, *Meditaciones metafísicas…*

36 Cfr. Immanuel Kant, *Crítica de la razón práctica…*

37 Cfr. Edmund Husserl, *Ideas relativas a una fenomenología pura y una filosofía fenomenológica*, Libro II, Investigaciones filosóficas sobre la constitución, México, FCE, 2005.

cuerpo en su autosensación. Las impresiones táctiles forman el núcleo primordial de la experiencia y en las sensaciones de la piel, se manifiesta el contraste entre los cuerpos vivos y los cuerpos vividos. Los segundos sienten los objetos y se sienten a sí mismos; sin embargo, la conciencia no se agota en sus límites materiales aunque se considera inconcebible sin ellos.

El cuerpo del hombre es vivo y a la vez vivido; además es propio, es decir, de un yo que, a su vez, es necesariamente devenir *encarnado*. En ese sentido, en el siglo XX, el problema central de la vida humana corresponderá al problema del cuerpo en la conciencia, considerando como lo ontológicamente trascendental la conciencia o subjetividad humana.

El método fenomenológico para comprender al cuerpo se funda en que el conocimiento de éste es, en cierta medida, un acto de donación que se va haciendo vivible por la persona. El aparecer del cuerpo en la vida humana es siempre relacional entre la intención de la conciencia y la impresión en ésta.

Definitivamente, estamos ante una aportación que reconcilia considerablemente la relación del hombre con su corporalidad, pues distingue el problema de que es capaz tanto de la realidad extramental, como de sí mismo, es decir, de autovivirse. Aunado a ello, en esta postura, el problema del inmanentismo y la trascendencia epistemológica no puede desatender la *encarnación* de la vida humana.

La misma distinción aparece en Michel Henry,[38] quien postula la diferencia entre *cuerpo* como aquel que no se experimenta a sí mismo y *carne*, es decir, cuerpo que se experimenta a sí mismo.[39] El hombre ocupa tiempo y espacio por su cuerpo, pero no solamente eso, sino que se experimenta en el tiempo y en el espacio –*carne*–.[40] La *encarnación* que se experimenta a sí misma sin diferir de sí, autoimpresividad viviente: es *carne*, es experiencia de ser cuerpo.[41] La materia

---

[38] Cfr. Michel Henry, *Encarnación. Una filosofía de la carne*, Salamanca, Sígueme, 2001, p. 43.

[39] Cfr. *Ibid*., p. 10.

[40] *Ibid*., p. 46.

[41] *Ibid*., p. 84.

de la que está hecho el hombre no es ya limo de la tierra sino materia fenomenológica pura, un auto aparecerse.[42]

La mayor aportación consiste en detectar que el problema cartesiano de la relación entre cuerpo y alma está mal trazado, porque parte de un dualismo que resulta de un juicio falso de lo *corporal*. Errado es el dualismo planteado cartesianamente como cualquier monismo, sea mecanicista o idealista; sin embargo, se admite una dualidad, porque el ser humano no es sólo vitalidad biológica, sino que se le admite un principio irreductible al plano vital.

De alguna forma, el ánimo libertino del siglo XIX fue ajustado en los comienzos del siglo XX. Se comenzó a superar la perspectiva positivista que se comprime en rasgos físico-biológicos; esto es, que la reduce a un objeto natural o en una simple realidad de hecho. La fenomenología, ya desde Husserl, revela y funda una idea del cuerpo como componente de la dimensión subjetiva, entendida como trascendental, de la conciencia y su correlación con el mundo. Así pues, concilia las dimensiones que el método moderno divorcia.

En sus primeros años, la perspectiva antropológica moderna arroja significados del cuerpo escindiéndolo de la persona, porque ambiciona comprenderla a partir del estudio especializado en sus partes. Como se sabe, el rompimiento con la metafísica y sus principios tira por la borda los trascendentales como referente. Sin la verdad como origen y destino, la cantidad de posibles especialidades humanistas se ha multiplicado exponencialmente, pero difícilmente se comprende cuáles deben subordinarse a cuáles y de qué modo. Al intentar comprender las dimensiones humanas en relación a la persona, y en este caso a la relación propiamente del cuerpo con la persona, no se distingue método, pues el tema no comparece en el acercamiento analítico.

No fueron pocos los pensadores modernos y los posteriores del siglo XX que notaron la necesidad de identificar el núcleo personal al que las dimensiones humanas se subordinan y desde el que se integran y coordinan. El problema es que en el intento por distinguir el radical personal desde el que las dimensiones humanas se organizan, sintetizaron antropologías que pueden describirse como totalizantes, pues

42 *Ibid.*, p. 89.

olvidan revelar en el ser humano la distinción antigua clásica entre acto y potencia, y la tomista entre acto de ser y esencia.

La paradoja que cometen es que no pueden explicar ese radical personal al margen del cuerpo, pues incurren en la insistencia del "todo" hegeliano. El problema de no poder distinguir lo radical de la persona es que no se pueden jerarquizar las dimensiones humanas superiores que activan y coordinan a las inferiores. Por ello, en el caso de la persona, no se puede significar al cuerpo con base en el ser personal, por lo que no se subordina a la vida personal y pierde norte. Además, no se puede pensar la vida personal después de la muerte del cuerpo.

Algunas de estas posturas totalizantes son, por ejemplo, la de Edith Stein quien postula que el "todo" al que llamamos persona tiene en el centro su ser. El problema es que si el "todo" es la persona, entonces, si carece de una de sus partes sería menos persona, pensemos si fuese tuerta. Scheler cae en la misma apología al identificar a la persona con todos sus componentes y al núcleo personal con el acto, lo cual jerarquiza inadecuadamente a la potencia del acto. Stein propone que el principio de individuación no es el cuerpo sino el alma, y afirma precisamente que en los actos reconocemos las capacidades o potencias de la persona. A su vez, los actos tienen su fundamento ontológico en las potencias y éstas adquieren en los actos correspondientes una forma de ser distinta, con base en el principio vital o alma, es decir, cada alma actualiza las potencias de modo individual.[43]

Algo similar sucede con Gabriel Marcel al afirmar la imposibilidad de pensar a la persona al margen de su corporalidad, porque de ser así, la persona es necesariamente su cuerpo. Ricoeur mantiene también esta misma idea; sin embargo, definitivamente no es lo mismo distinguir que separar, y en el intento por no separar al cuerpo de la persona y caer en el dualismo cartesiano, se falla en distinguirlos, por lo que se reduce a la persona a la suma de sus partes. Por su parte, Zubiri logra la distinción entre sustancia y sustantivo, así, la persona es estructurante y no unidad; pero la perspectiva permanece totalizante en tanto comprende la sustantividad humana como un sistema que organiza dos subsistemas: el alma y el cuerpo.

---

[43] Cfr. Edith Stein, *La estructura de la persona humana*, Madrid, BAC, 2007.

El problema de estas perspectivas es que se pretende la unicidad con el fin de encontrar la unidad para evitar dualismos cuyas dimensiones antropológicas son irreconciliables. No obstante, unidad no equivale a unicidad y dualidad no equivale a dualismo. Una noción de persona en la que las dimensiones superiores se dualicen con las inferiores no implica separar al hombre de sus partes, sino distinguirlas para conocerlas a la luz de la persona, de su vida personal. De ese modo, distinguir a la persona de su cuerpo no es dualismo, más bien un acercamiento apropiado al cuerpo, pues le confiere sentido y no por ello lo considera una dimensión separada de la vida personal, sino, de hecho, una muy íntima.[44]

Propiamente, el vuelco corporal en el siglo XX es efectuado por la obra husserliana y precisado por sus diversos seguidores como Scheler,[45] quien defiende con insistencia que la esfera de lo vital es un fenómeno irreductible a las categorías mecánicas de lo físico-químico, o a categorías epistemológicas; en esto coincide con Bergson.

Aprovechando la fortuna de su idioma cuida de referirse al cuerpo vivido: a la *carne* a la que se refiere Henry, lo hace con el término *Leib* y no con *Körper*, que reserva para el cuerpo inerte. Al mismo tiempo, conserva su atención en las manifestaciones biológicas vivencialmente descriptibles, por su proceder fenomenológico. La profundización en la experiencia de los fenómenos corporales disuelve al ser personal a tal grado, que en propuestas como la de Jean-Luc Nancy se asegura de que la persona sea su experiencia, incluso, respecto a prótesis artificiales;[46] visto de ese modo, se sostendría que las prótesis son parte de la persona.

La conciliación antropológica logra detectar un asidero importante porque resalta que el plano biográfico no es explicable según el modelo mecanicista. De ello, resulta preciso aceptar un principio en el ser humano que viva y objetive esa dimensión biográfica sin tornarse a su vez en objeto. La distinción entre el cuerpo vivido y el cuerpo objeto da

---

44 Cfr. Juan Fernando Sellés, "La aporía de las 'antropologías totalizantes' como pregunta a los teólogos". *Salmanticensis*, vol. 57, fasc. 2 (2010), pp. 273-297.

45 Cfr. Max Scheler, *El puesto del hombre en el cosmos*, Barcelona, Alba, 2000.

46 Cfr. Jean-Luc Nancy, *Corpus*, Madrid, Arena Libros, 2003.

pie a diferenciar al yo, la dimensión biográfica de la persona, del acto de ser. En última instancia, el espíritu o el ser personal scheleriano es análogo a la noción "corazón", de Karol Wojtyla.[47] La preocupación por la dimensión biográfica abre la puerta a una antropología sobre un ser ahí concreto, fáctico en el mundo y en el tiempo, como la de Heidegger, que de alguna manera se cuestiona sobre el acto de ser de cada quien.

El método se fundamenta en algo así como un ser-corporal-en-el-mundo. De ahí Sartre,[48] Gabriel Marcel[49] y Merleau-Ponty[50] con su modo de indagación en el cuerpo. La aportación de éstos es inmensamente influida por la fenomenología de Husserl que parte de la distinción de cuerpo subjetivo y cuerpo objetivo, estudiado por las ciencias naturales.[51] El cuerpo es en sí mismo una dualidad porque es visto y ve, es medio para estar en el mundo y está en el mundo.[52] Por ello, el análisis de la existencia debe hacerse en tanto que se trata de una existencia *encarnada*: "Que tengo de qué hacerme conocer y reconocer por mí mismo y por los otros, es decir, significa que hay mi cuerpo".[53] De esa manera, da la pauta para aceptar que el espíritu no es realidad ajena al cuerpo, ni el cuerpo realidad ajena al espíritu, y así pensar en la dualidad espíritu encarnado o carne espiritual.

Los planteamientos de los fenomenólogos del siglo XX definitivamente aportan una revolución filosófica *corporal* que abre camino a repensar al hombre; asimismo, amplían la perspectiva antropológica en el intento por no *descorporalizar* la vida humana, además de permitir pensar la dualidad sin caer en dualismos y la unidad sin totalizar. Claro es el caso en el pensamiento de Mounier:

47 Cfr. Karol Wojtyla , *Amor y responsabilidad,* Madrid, Palabra, 2008.

48 Jean Paul Sartre, *El ser y la nada. Ensayo de ontología fenomenológica* (trad. Juan Valmar), Buenos Aires, Losada, 9a. ed., 1993.

49 Gabriel Marcel, *El misterio del ser*, Buenos Aires, Sudamericana, 1953.

50 Maurice Merleau-Ponty, *Lo visible y lo invisible*, Buenos Aires, Ediciones Nueva Visión, 2010.

51 Cfr. Antonino Firenze, "El cuerpo en la filosofía de Merleau-Ponty". *Daimon. Revista Internacional de Filosofía*, Suplemento, 5 (2016), pp. 99-108.

52 Cfr. Luz Elena Gallo, "El ser corporal en el mundo como punto de partida en la fenomenología de la existencia corpórea". *Pensamiento Educativo*, 38 (julio 2006), pp. 46-61.

53 Gabriel Marcel, *Filosofía concreta* (trad. Alberto Gil Novales), Madrid, Revista de Occidente, 1959, p. 27.

> No puedo pensar sin ser, ni ser sin mi cuerpo; yo estoy expuesto por él a mí mismo, al mundo, a los otros; por él escapo a la soledad de un pensamiento que no sería más que pensamiento de mi pensamiento. Al impedirme ser totalmente transparente a mí mismo, me arroja sin cesar fuera de mí en la problemática del mundo y las luchas del hombre. Por la solicitación de los sentidos me lanza al espacio, por su envejecimiento me enseña la duración, por su muerte me enfrenta con la eternidad. Hace sentir el peso de la esclavitud, pero al mismo tiempo está en la raíz de toda conciencia y de toda vida espiritual. Es el mediador omnipresente de la vida del espíritu.[54]

Aciertan en conjeturar el devenir donde conviven todas las dualidades en su dimensión biográfica y abren camino a la posibilidad de pensar que la dualidad alcanza el acto de ser. La propuesta es bastante rica, pero el problema surge en la incapacidad para distinguir sin separar; en el intento por no caer en dualismos, el cuerpo termina en una síntesis en la que no se distinguen las dimensiones. La fenomenología del cuerpo no logra plantear suficientemente las distinciones entre finito e infinito, objeto y sujeto, ser y poseer, naturaleza y cultura, esencia y existencia, materia y vida. La vida de la persona termina por ser una especie de destinatario de la toda la problemática moderna; así, quedan descripciones muy interesantes del ser humano viviéndose *corpóreo*.[55]

La reducción de la persona a su experiencia subjetiva tiene consecuencias muy relevantes. Unas de las más notorias en la actualidad es el énfasis en la autopercepción como referente identitario corporal por encima de la realidad del cuerpo. En el pensamiento, con postestructuralistas como de Jack Derrida, Judith Butler[56] y Michel Foucault, surge un semillero para negar la relevancia de las distinciones naturales corporales y su significado. De ahí que, por ejemplo, se propaguen

---

[54] Emmanuel Mounier, *El personalismo*, Madrid, Acción Cultural Cristiana, 1997, p. 22.

[55] Cfr. Luz Elena Gallo, "El ser corporal...", pp. 46-61.

[56] Cfr. Judith Butler, *Cuerpos que importan: sobre los límites materiales y discursivos del "sexo"*, Buenos Aires, Paidós, 2002.

falacias como la de la sexualidad como dimensión radicalmente subjetiva sobre la que el cuerpo sexuado no tiene nada que ver.

Dicha ideología funda sistemas supuestamente educativos y sociales de la mayoría de los países líderes en Occidente. La subjetivación de la identidad personal ha traído la deconstrucción identitaria sexual en personas hasta de grados preescolares, como derecho a la educación, al igual que la deconstrucción del significado de la familia y sus derechos en los códigos civiles.

El significado moderno del cuerpo se abre en un ilimitado espectro de posibilidades gracias a que lo propio de la modernidad es la fragmentación en partes. Sin embargo, un modo en el que puede organizarse es por medio de un trilema,[57] consecuencia de las tres secuelas más relevantes del método moderno.

La primera consecuencia es que, sin coordenadas trascendentales, o por lo menos, extramentales, toda proposición es consecuencia de otra infinitamente, porque la razón carece de fundamento. Sin fundamento natural, la antropología se embarca en una progresión tecnológica infinita y carente de rumbo. Por eso los conocimientos anatómicos sobre el cuerpo y los descubrimientos sobre su funcionamiento se embarcan en una tarea infinita que pretende un progreso social; no obstante, sin rumbo difícilmente puede haber progreso.

La propuesta antropológica de algunos autores modernos como Hobbes, Marx y Engels es coherente con este modo de significar al cuerpo. El materialismo histórico es una postura desesperante: el significado del cuerpo en una antropología encausada a un progreso infinito sin rumbo ni destino no comparece con el anhelo de libertad humano. Sin destino o destinatario no hay posible progreso; por eso la ingeniería social nunca soluciona los problemas que se propone y oscurece el significado de la historicidad de la vida humana.

La segunda consecuencia es que, como no hay axiomas sobre los cuales establecer un sistema total que otorgue consistencia a la identidad humana, la perspectiva antropológica se reduce en un

[57] Así es como Polo diagnostica la crisis de la ciencia y la ejemplifica a partir del Trilema de Munchausen acuñado en el contexto de la teoría del conocimiento a mediados del siglo XX por Hans Albert. Cfr. *Quién es el hombre. Un espíritu en el tiempo…*, pp. 28-30; *Sobre la existencia cristiana…*, pp. 146-148; *Epistemología, creación y divinidad...*, pp. 77-80.

escepticismo analítico. El cuerpo desenraizado de su disposición racional, y del hombre que lo encarna, se reduce a un aparato de impulsos y deseos. Las antropologías de Feuerbach, Nietzsche y Freud dan buena cuenta de ello. En ese tenor, el cuerpo del superhombre es una multiplicidad de impulsos, deseos e instintos sin fundamento, cauce o sentido. El ser humano es un absurdo encarcelado y sometido por un cúmulo de tendencias absurdas en un mundo absurdo y enemigo donde las cosas mueren y vuelven a surgir una y otra vez por razones desconocidas. La vida humana responde a la dialéctica de la materia y solamente los ignorantes asumen fuerzas ajenas al cuerpo.

Finalmente, la tercera consecuencia es que, en el intento por rescatar el núcleo subjetivo que piensa y siente, la subjetividad carece de sustancia o trascendencia que oriente su crecimiento ante los fracasos; por consiguiente, se reduce al hombre a su cualidad de fenómeno, a su apariencia.[58] Como se ha mencionado, puede pensarse que, si bien Descartes, Kant y Hegel sientan las bases epistemológicas de las que posteriormente Husserl, Scheler, Heidegger, Michel Henry, Sartre, Gabriel Marcel y Merleau-Ponty se sirven para una mayor luz en cuanto al acercamiento a la vida de la persona, el cuerpo pierde realismo, se disuelve en su fenomenicidad y termina por ser una especie de destinatario de toda la problemática moderna. De ese modo, quedan descripciones muy interesantes del ser humano viviéndose corpóreo.[59]

En el detenimiento en el radical moderno y sus consecuencias, la panorámica actual encuentra en buena medida respuestas a su problemática. La crisis comienza por negar la naturaleza humana: si al cuerpo se le trata de entender desde el uno, desde el individuo, desde el hombre solo, la dualidad no tiene ningún sentido. En última instancia, el problema se arrastra hasta la articulación antropológica entre pensamiento y realidad, del cual resulta el conocimiento humano. En la modernidad, la gnoseología –el pensamiento mismo– pasa

---

[58] "Mientras prevalezca el punto de vista de que el objetivo supremo de la ciencia es la búsqueda de la verdad, se debe saber que el camino hacia la verdad pasa por teorías que se mejoran continuamente. Es por ello ingenuo pensar que un paso particular forma ya parte de la verdad o pensar que alguien se encuentra en el verdadero camino". Imre Lakatos, *Historia de la ciencia…*, p. 147.

[59] Cfr. Luz Elena Gallo, "El ser corporal…".

a cumplir la función de fundamento. No obstante, con el consiguiente olvido del fundamento real, que en el pensamiento clásico es el ser propio de cada cosa, la gnoseología sustituye a la ontología y se constituye a sí misma como filosofía primera.

Si el dictamen no es totalmente equívoco, un primer acercamiento para resolver la crisis consiste en regresar las cosas a su lugar. La razón humana es sólo una parte del hombre, a su vez, el hombre es parte de la realidad y ésta no depende del conocimiento humano. Para una mejor aproximación al problema del cuerpo, es necesario revivir la primacía de la ontología sobre la epistemología. La metafísica, disciplina soberana de la filosofía clásica, es el método que precisamente enfoca sus esfuerzos a la realidad y el fundamento de cuanto existe, se dedica a los primeros principios o los actos de ser, y se propone orientarse en las perfecciones que existen en lo real. Para la tradición griega y medieval esta disciplina era llamada filosofía primera; si se asimila desde esa orientación al hombre, se le asume como un ser fundamento de todo su operar. Esta cuestión no es nada insignificante, pues, si las funciones y dimensiones siguen al ser, y el modo de operarlas sigue al modo de ser, entonces, el cuerpo se orienta al modo de ser del hombre y se podrá conocer algo muy relevante del ser humano así apreciado.

La cuestión será más adelante si con el enfoque de la metafísica clásica se conoce lo radical de la persona humana, y por tanto, la dimensión personal del cuerpo. Sin embargo, en definitiva, el radical clásico orienta a unas coordenadas suficientemente importantes al hombre con respecto a su naturaleza y, por consiguiente, al sentido de su dimensión *corporal*.

3. El significado del cuerpo en la antigüedad clásica

A. La naturaleza como eje de la antropología clásica

Es difícil situarse en la vida cuando parece que va escapándose de la mano; implica hacer el ejercicio de no asumir que la propia historia de algún modo permanece en uno mismo. Antes de la filosofía, los poblados vivieron cautivos de una vertiente inmemorial sin asidero, la vida como puro movimiento. La perplejidad frente al constante devenir suscitó un detenimiento en Grecia. Algunos hombres tuvieron el tino de admirarse del firmamento, precisamente, de su firmeza y se dieron cuenta de que en un mundo que no cesa de moverse existen referentes inmóviles: hay algo que *permanece*. No es de extrañar que los seres humanos hayan progresado mucho tiempo antes en la observación macroscópica del mundo que en la microscópica. Fue así que pensadores como Tales de Mileto, Anaximandro y Anaxímenes propiciaron los cuestionamientos referentes al principio del movimiento y a los principios del mundo y la realidad.

Los pitagóricos pensaban en la realidad como enteramente racionalidad matemática, por lo que fueron muy contundentes en resultados. Los pensadores griegos se detuvieron a conocer la realidad en aquello que permanece. Dada la dificultad, algunos de ellos se dedicaron a trazar prohibiciones y se colmaron de caprichos, pues pensaron que la realidad alberga un absurdo. A su vez, otros conservaron el temple filosófico y siguieron buscando la verdad sin acobardarse se acobardaron ante la complejidad.

A finales del siglo V en Atenas, surgió la manifestación de unas personas que se hacían llamar a sí mismas sofistas –*sophós*– y se destacaron por hacer del pensamiento filosófico, dada su utilidad política, una herramienta. Su tesis principal presuponía que no hay puerto seguro, sino que todo es relativo al que observa; es decir, el que observa es lo permanente. Esto implicaba lo siguiente: a lo máximo que podría aspirar el hombre era a propiciar el movimiento que constituye el mundo, para los fines que cada uno pueda proponerse. Por esta razón, los sofistas facilitaban a sus clientes un conjunto de argumentos con los que pudieran convencer a los demás de lo que les pareciese más conveniente.

Protágoras de Abdera es considerado uno de los grandes sofistas que renunció al afán de su maestro, Heráclito. La crítica a dicho modo de proceder abre uno de los más poderosos parteaguas en la historia del pensamiento. Ante el sofismo se impone Sócrates de una manera vital, y Platón y Aristóteles de un modo inclinado hacia lo teórico, con una de las incógnitas más importantes en la historia de la humanidad: la búsqueda de la permanencia, de la naturaleza de las cosas.

Los grandes filósofos griegos son considerados como los inaugurales en ocuparse de lo referente a la naturaleza humana. Su planteamiento puede entenderse como una antropología constitucional, pues aporta un sólido esquema de los aspectos que componen al ser humano desde un punto de vista estático y universal: la vida humana exige y presupone saber qué es eso, qué tenemos entre manos. Al reconocer la infinitud de características entre los hombres y el constante cambio que es la vida, es necesario poner la mira en lo sustancial, lo esencial, lo que hace que las cosas sean lo que son. Además de que la motivación no es banal, sino todo lo contrario, la aportación es, aunque insuficiente, necesaria.

Pensar la vida humana no puede prescindir de la aportación metafísica clásica. Desde muy pronto, y por supuesto de manera clara desde

Platón, la filosofía atiende a la relación de la verdad con el ente; es decir, la filosofía es ontológica. Los socráticos abren a la experiencia humana a una vida no solamente de cambios, sino primordialmente de esencias. Se presta atención a que no se puede ser de manera tosca, bestial, meramente empírica y más bien ha de atender al fundamento esencial de la vida humana. Hay que decir que la filosofía se ocupa a partir de Platón de lo más profundo y que la verdad está fundada, de modo que la diversidad de las esencias es apta de una perspectiva universal del mundo y su movimiento.

También Aristóteles habla de la admiración, del detenimiento en lo permanente, como punto de partida de la filosofía. Los clásicos hundieron la mirada en la existencia de lo intemporal. Esto dio lugar enseguida a una nueva formulación de la verdad desde la firmeza o resistencia de lo que no es roído por el tiempo. El descubrimiento de la verdad en sentido filosófico es el desarrollo interno de la admiración por la naturaleza. Esto consiste justamente en definirla: establecer los caracteres que esa realidad tiene en común con otras de su misma esencia y la diferencia con las que no comparte el modo de ser.

Para encontrar la diferencia se necesita descubrir *lo que el hombre tiene de irreductible* respecto a cualquier otro ente. Es importante notar que esa diferencia no se opone ni aliena al ser humano del mundo. Tanto es así que la definición del pensador socrático más maduro es la de "animal racional", la cual establece que lo común es el carácter animal y la diferencia es la racionalidad. Esto quiere decir que la definición relaciona al ser humano con la vida, no solamente la suya, sino a la vida en general. El radical clásico no es desvinculante, sino que vincula al ser humano con el universo, el microuniverso con el macrouniverso.

Definir aporta una gran riqueza de implícitos, la más importante es que *establece los medios en relación con el fin*. Cuando se define a un ente se establece la relación dada de medios para una finalidad universal. Antropológicamente, definir la naturaleza humana propone alinear la vida hacia el fin. Tratándose del significado del cuerpo, cuando se ha definido al animal racional, se manifiesta que la finalidad de la vida, en el caso del ser humano, es racional; es decir, lo propio del ente humano es organizar, ordenar los actos de todas sus funciones a la racionalidad. Entonces, el cuerpo es del modo que es, dado que se trata de un ser racional. De esa forma, el hombre ordena y añade al mundo su propia organización: ordenado a la racionalidad origina un plexo del que muchos participan. En ese sentido, el hombre forma sociedades en tanto que articula su conducta práctica. Así es como la racionalidad es natural, es inherente a su naturaleza. Ahora bien, el ser humano adecúa el mundo para llevar a cabo las operaciones de su racionalidad, a la vez, el aumento de su racionalidad mejora su capacidad de adecuar el mundo a sus operaciones.

Es importante decir que todos los cuerpos son un tema de mucha relevancia en Aristóteles y en general para la metafísica clásica. La preocupación por comprender de qué se compone eso que hoy denominamos universo lleva a profundizar, en buena medida, en los cuerpos; su obra parece abarcarlos todos: los celestes, los naturales vivos e inertes y los artificiales, y cada dimensión del cosmos parece merecer un detenimiento en cuanto a sus *causas*, su *composición*, su *finalidad* y *posición* en jerarquía. Por su lado, la jerarquía vital está basada en la complejidad de sus posibles actos que se originan en su principio vital o alma.

La cosmovisión unitaria y jerárquica clásica del mundo tiene en su base primeramente fuego, agua, tierra y aire, movidos por los cuerpos celestes compuestos de éter. Estos cuatro elementos configuran la materia primordial y su movimiento de la que se conforman todos los demás cuerpos que componen el todo. Es un mundo en el que la materia primera es materia en potencia de otros cuerpos; además, en última instancia, todo el cosmos es, en cierta medida, una composición de los cuatro elementos.

Posteriormente, los cuerpos se jerarquizan con base en su esencia, en aquello que los define; en el caso de los entes vivos, es el *alma* o *principio vital*. Dicho aspecto esclarece considerablemente el significado del cuerpo humano en su aspecto natural, pues ofrece una buena base para comprender la vida recibida, con lo cual se abre la posibilidad de sentido y finalidad universal con respecto a los componentes estáticos y universales que comparten los humanos. Una vez más, no abarca, pero si es un buen referente del cual partir.

El cuerpo humano llega hasta la punta de la pirámide, idea retomada y expandida en la visión de Tomás de Aquino,[1] dado que en su obra se inicia la distinción real entre esencia y acto de ser en el hombre, entre lo que es en el hombre del ámbito del disponer y lo que es su ser. Al tipo de filosofía de este periodo que busca al ser se la ha denominado realismo y su propuesta cabe en la filosofía clásica en tanto que metafísica. Sin embargo, su perspectiva es fundamentalmente cristiana, por lo que el hombre ya no es considerado una pieza más del cosmos como en el periodo griego.

La alta noción que se tiene del hombre como eje de la creación visible eleva también la noción de corporalidad en un microcosmos que comprende todas las notas de lo sensible y de lo espiritual. Entre la platónica concepción de un alma espiritual sin cuerpo y la afirmación contemporánea de un cuerpo sin alma espiritual, se sitúa la antropología cristiana que Tomás de Aquino aporta al traducir términos filosóficos aristotélicos, con el mayor rigor que les es posible, a un paisaje teológico cristiano.[2]

Puede decirse que, en el pensamiento clásico, el núcleo de la vida humana radica en su *naturaleza*; para la metafísica este hecho no es distinto respecto del ser humano y se comprende, en suma, como su racionalidad. Así, el hombre es un animal racional y en ello consiste su definición. El cuerpo, es como en cualquier otro ente, una dimensión de la entidad; es el componente material, y en contraste con los demás entes, es diferenciador sexual.

1. El cuerpo como componente de la esencia humana

En el radical clásico, el cuerpo es comprendido en una *cosmovisión unitaria* donde compone parte del mundo y, al mismo tiempo, es considerado habitante del mismo. El hombre y el universo no son dos totalidades separadas, sino que el ser humano guarda estricta relación

---

1 Cfr. Julio A. Castello, "Hombre y naturaleza en Tomás de Aquino". *Veritas: revista da Pontificia Universidade Catolica do Rio Grande do Sul*, 3, 44 (septiembre 1999), pp. 621- 632.

2 Cfr. Silvana Filippi, "El alma unida al cuerpo es más semejante a Dios. Reflexiones sobre el rol de la corporeidad en la antropología tomista". *Enfoques*, 2, XXIV (2012), pp. 53-62.

porque su ser, en parte, se constituye por elementos primarios del universo.[3] La comprensión de dicho vínculo se da gracias a la definición de *naturaleza humana*. El éxito al describir el cosmos está relacionado con el éxito en comprender su rol dentro del mismo. Asimismo, se comprende una estrecha vinculación del ser humano con los demás, pues se busca aquello que todos comparten, es decir, su sustancia.

La razón por la que los clásicos logran vincular el cuerpo del ser humano a todos los del cosmos es gracias a que la noción que se tiene de éste parte primero de *lo común* a todo lo que existe: la entidad, esto es, todo aquello que es se afirma como cognoscible. Desde la metafísica, los cuerpos se estudian y diferencian por el principio inmaterial que los organiza.[4] Las entidades naturales vivas, dentro de las que se considera la humana, están compuestas de materia o cuerpo y forma o alma;[5] y cada una de las entidades naturales vivas tiene en sí el principio de movimiento o cambio, esto es, tiene en sí vida.[6]

Para comprender la noción de vida, son de suma relevancia los términos *acto* y *potencia*.[7] El acto se refiere a la actualización de las posibilidades en la potencia, en la materia o cuerpo. Entonces, por ejemplo, la materia celular tiene respiración en potencia, la posibilidad de

---

3 En esta visión, todo *cuerpo* está en cierta medida compuesto por la *materia* primera: lo primero de lo cual algo se compone siendo inmanente en eso y no pudiendo descomponerse en otra especie distinta (lo indivisible de lo que compone algo). Cfr. Aristóteles, *Metafísica* (intr., trad. y ns. Tomás Calvo Martínez), Madrid, Gredos, 2000, Libro V, Capítulo Tercero, 1014a30-1014b15. El fuego, tierra, aire y agua son considerados la *materia* primera en el compuesto del *cuerpo* humano: "¿La tierra es, acaso, en potencia hombre? ¿Cuándo se ha convertido en esperma, y posiblemente ni siquiera entonces aún?". *Ibid.*, Libro IX, Capítulo Séptimo, 1049a1-5.

4 Cfr. Silvia Filippi, "El alma unida…", pp. 53-62.

5 Cfr. Aristóteles, *Metafísica*, Libro VII, Capítulo Tercero. "[…] el alma es entidad primera, el *cuerpo* es materia y el hombre […] es el compuesto de ambos universalmente tomado". Cfr. *Ibid.*, Libro V, Capítulo Undécimo, 1037a5-10.

6 Cfr. *Ibid.*, Libro V, Capítulo Sexto. Uno, unidad: 1) accidentalmente (unión de la entidad o sustancia individual y un accidente/ género en la especie). 2) lo que es uno por sí mismo (las naturales poseen un grado mayor de unidad que las creadas por el hombre). 3) aquellas cuyo sujeto material no es diferente (vino y aceite son agua). 4) aquellas cuyo género es uno (perro, caballo y hombre son animales). 5) aquellas cosas indivisibles en su definición esencial (es un hombre); incluyendo la unidad matemática.

7 Cfr. *Ibid.*, Libro VII, Capítulo Sexto.

respirar.[8] Vida corresponde al movimiento de potencia a acto, a la actualización de la potencia. Se entiende, pues, que el cuerpo es materia en potencia de vida humana, de actos humanos; es materia con la posibilidad de actuar al modo de su forma.

Como se sabe, además de las coordenadas de acto y potencia, el pensamiento clásico siempre se atiene a las *causas*. Por lo cual es importante comprender cuáles son las causas de lo corpóreo en el hombre el cual a su vez se corresponde a la causa material del ser humano, aquello de lo que el hombre está hecho.[9] En el pensamiento griego se cree que los fluidos femeninos proveen la materia en potencia y los masculinos la forma, y ambos son la causa material del cuerpo humano.[10] El alma o forma es la causa formal, aquella que conforma o informa al cuerpo para ser al modo que es. La naturaleza humana o propia de ese ente es la causa eficiente que propicia el movimiento o vida humana en ese cuerpo. La finalidad o causa final es alcanzar su forma,[11] es decir, manifestar al alma.[12] De este modo, se concluye que *el alma es principio del cuerpo* en tres acepciones:[13] 1) a partir del cual puede empezar a moverse, 2) a partir de lo que puede realizarse mejor, y 3) el elemento fundante.

Estos presupuestos de la noción de naturaleza están supuestos en el lenguaje común. Decimos, por ejemplo, que una mesa es de

---

8 Cfr. *Ibid.*, Libro V, Capítulo Duodécimo. Potencia o capacidad, impotencia o incapacidad: Potencia: 1) el principio de movimiento o cambio que se da en el otro o en el mismo en tanto que otro (el arte de curar). 2) la capacidad de realizar algo perfectamente o según la propia intención. 3) todas aquellas cualidades poseídas por las cosas en cuya virtud éstas son totalmente impasibles o inmutables, o no se dejan cambiar físicamente para peor (lo difícilmente destructible).

9 Cfr. *Ibid.*, cap. 3, 983a25. Las causas: una de las cuales decimos que es la substancia y la esencia; otra es la materia o el sujeto; la tercera, aquella de donde procede el principio del movimiento, y la cuarta, la causa final o el bien.

10 Cfr. Aristóteles, *De anima* (intr., trad. y ns. Tomás Calvo Martínez), Madrid, Gredos, 2000, Libro I, Capítulo Primero, 402a5. Conviene acotar que para Aristóteles es bastante evidente la idea de que la materia *corporal* proviene de la materia primera, dada su descripción de lo que sucede en el *cuerpo* en los últimos libros de *Historia de los animales*.

11 "[...] el alma es [...] como el principio de los animales". Aristóteles, *Historia de los animales* (intr. Carlos García Gual, trad. y ns. Julio Pallí Bonet), Madrid, Gredos, 1992, Libro VII.

12 Cfr. Aristóteles, *Metafísica*, Libro IX, Capítulo Octavo, 1050a15.

13 Cfr. *Ibid.*, Libro V, Capítulo Primero, 1013a 5-20.

madera, indicamos aquello que es la cosa y lo distinguimos de lo que está hecha. En griego, "materia" se dice *hyle* (ὕλη) y "forma" *morphē* (μορφή); por lo cual, la articulación de la relación cuerpo y alma de Aristóteles, que se apoya en esta distinción entre la materia y la forma, se llama *hilemorfismo*.

Según Aristóteles, en un segundo plano, el fuego y la tierra pueden considerarse causa material en tanto que los fluidos corporales están hechos de estos componentes. Así mismo, los padres pueden ser considerados *causa eficiente*, dado que la naturaleza humana presupone a entes actualizándola, así como los astros que, a su ver, son los productores últimos del movimiento en los entes vivos.[14] En el caso del ser humano, dicho principio es precisamente la vida humana, el alma racional.

El humano como entidad es comprendido como la composición de su alma racional o forma y cuerpo o materia, de su acto y potencia. Este tipo de entidades dentro de las que se encuentra cada hombre tienen el principio de vida en sí mismas. Al hecho de tener dicho principio vital se llama naturaleza.[15] Tanto el cuerpo como su alma constituyen la naturaleza; son los principios del cambio en el ente natural. La naturaleza hace que lo potencial o material aspire al acto o forma. El cuerpo aspira al alma por la naturaleza de su composición con ella, su movimiento natural es comunicar, perpetuar y actualizarse según su forma.

Un ejemplo actual puede ser la diferencia entre un óvulo y un cigoto, capaces únicamente de realizar funciones vegetativas en acto: nutrición y crecimiento. Sin embargo, desde el momento en que el óvulo es fecundado, el modo en que realiza sus operaciones ya no es celular; de ser así, habría células que crecen al tamaño de un bebé o embriones que carecerían de ombligo y se alimentarían por aspersión. El cuerpo llamado célula aspira a funciones propias de las células

---

[14] Cfr. *Ibid.*, Libro XII, Capítulo Quinto.

[15] Cfr. *Ibid.*, Libro V, Capítulo Cuarto. Naturaleza: 1) la generación de las cosas que crecen. 2) aquello primero e inmanente a partir de lo cual crece lo que crece. 3) aquello de donde procede en cada uno de los entes naturales el primer movimiento, que reside en ellos en cuanto tales. 4) el elemento primero, informe e inmutable desde su propia potencia, del cual es o se hace alguno de los entes naturales (fuego, tierra, agua…). 5) la substancia de los entes naturales, la entidad de las cosas que poseen movimiento por sí mismas.

y tiene la composición adecuada para ellas; mientras que la composición de un cigoto ya es un cuerpo humano dado, pues lleva a cabo actualizaciones de potencias humanas.

Algunos ejemplos, son señalados tanto por Aristóteles como por Tomás de Aquino. Un animal no tiene *vestido*; su piel ya sea con lana, pelo o escamas no es algo distinto del cuerpo, pues toda la constitución natural del animal se encuentra en aspiración de actualizar sus potencias originadas por un principio vital diferente al del ser humano. En su caso, la actualización de sus potencias se encuentra regido por su especie y ése es el modo en que todo el cuerpo está constituido para operar. Es decir, si un pez tiene escamas, es porque sus operaciones o actualizaciones caporales nunca serán ajenas a su principio vital y, por tanto, permanecerá en un hábitat natural determinado, con una alimentación y motricidad determinadas, y con operaciones que necesitan de esas escamas. En cambio, el cuerpo humano tiene una cobertura abierta, es decir, la necesidad y capacidad de hacerse de vestido según el modo en que necesite y elige vivir. Se trata de un ser que realiza todas sus operaciones o actualizaciones a modo de su principio vital, a modo racional, y dado que es vitalizado por un principio vital racional no es dotado específicamente, sino que posee una apertura necesaria para actualizaciones humanas.

La aportación clásica de naturaleza humana esclarece en buena medida la imposibilidad de asumir al ser humano sin referenciarlo a su vida, a su alma racional. Otro ejemplo que ilustra la importancia de esto es el que Tomás de Aquino glosa al respecto: el único animal con *manos* es el hombre. Las patas, las pezuñas o las garras están configuradas para operaciones determinadas como rasguñar, desgarrar, aplanar o destruir; pero nunca para tener y producir. Tener y producir son actos únicamente de las manos. La mano es manifestación del principio vital humano porque revela su aspiración a actos eminentemente racionales: tener y producir.

Por otro lado, el hombre también es capaz de *hablar*. Puede dar un sentido a un sonido que, a su vez, puede ser apropiado por otro; en cambio, los otros cuerpos vivientes tienen la disposición de realizar cierto sonido, pero si acaso posee sentido, es predeterminado orgánicamente. Considerar lo anterior es muy importante, pues implica que el cuerpo humano, al ser potencia con respecto a la actualización racional, puede hacer sistemática la técnica y el habla de tal modo que surgen entre personas y cosas un plexo de referencias mediales ordenadas a la racionalidad.[16] Esto hace al ser humano poseedor del mundo ya que lo va adecuando a sí mismo y a su vida.

Ahora bien, es de suma importancia decir que dicho despliegue de la técnica y producción humana en el radical clásico no se pretende subjetivista. El despliegue humano es *comunitario*, es *político*, y tanto las finalidades como los medios que las atienden se suponen naturales. La naturaleza misma delimita el modo del despliegue corporal y es ahí donde se da un buen referente al hecho de ser corpóreos, es decir, no trasgredir la naturaleza. No obstante, se cae en el peligro de coartar a la libertad; la aportación es una buena coordenada en cuanto a que el despliegue corporal debe ser racional para no trasgredir la naturaleza, pero se ha de admitir que el modo en que puede articularse es más abierto de lo que los clásicos pudieron ver.

La naturaleza humana hace que lo potencial o material, el cuerpo, aspire al acto o forma, al alma racional, a operar *racionalmente*. En el sentido inverso, resulta antinatural operar de modo contrario al del propio principio vital; por consiguiente, todo el discurso que versa sobre lo sano y lo no sano, lo útil y lo no útil, lo conveniente e inconveniente, lo bueno y lo malo, y lo justo y lo injusto, debe primero converger en la definición de naturaleza humana que asume al *cuerpo racional*.

Todo lo anterior lleva a otra conclusión importante: la noción filosófica del cuerpo es de extrema relevancia porque es el referente del cual partir para encausar cualquier manifestación humana. En la medida que la facultad racional conoce el resto de las dimensiones del ser humano, incluido el cuerpo, tiene un mejor punto de partida para todo lo demás. Desconocer la naturaleza humana y el cuerpo en su dimensión universal puede comúnmente conducir a articulaciones sociales destructivas y opresoras que afectan todo el plexo, tal como se ve en el recorrido por el pensamiento moderno y la crisis actual.

---

16 Polo trata de la noción de plexo en la lección segunda de su libro *Curso de teoría del conocimiento*, 3a. ed., Pamplona, EUNSA, V. II, 1998.

Ahora bien, en la perspectiva metafísica, la esencia es lo que hace a cada entidad ser lo que es.[17] En el caso del ser humano, la esencia no corresponde a la materia ni a la forma o alma racional, sino al compuesto. La esencia humana corresponde con la unidad sustancial;[18] sin embargo, lo verdaderamente sustancial en las entidades naturales, a las que les constituye en parte un cuerpo, es el alma, su esencia primera.[19] El alma es considerada como una entidad primera de la cual, en composición con el cuerpo, surge la entidad *compuesta*: el hombre.[20]

Puede decirse que lo sustancial, lo que permanece, lo que asemeja a pesar de todas las diferencias accidentales entre hombres y todos los cambios que son la vida humana, es lo universal, el alma racional. Por ello, conocer el alma resulta de suma necesidad para operar propiamente con el cuerpo. Además, la jerarquización y finalidad de las acciones queda perfectamente esclarecida: el cuerpo humano es para el alma racional, y esto es la naturaleza humana, la vida humana.

En su naturaleza, lo humano efectivamente se conoce y define por su diferencia con otros cuerpos vivos y sensitivos: su indigencia biológica frente al mundo. Su constitución es adecuada a su principio vital y esto es lo que le hace capaz de tener, producir y comunicar. Ahora bien, en los clásicos el aspecto más importante no se queda al nivel de la capacidad productiva humana, sino su disposición para la capacidad contemplativa. La contemplación, el conocer humano, posee la cualidad de inmanencia; transforma la esencia humana pues le añade a su racionalidad. Mucho más que ser materia abierta a la producción, a la propiedad y a la comunicación significativa, el cuerpo es materia dispuesta para la verdad y se considera, de hecho, el fin último de toda la vida humana y, por tanto, de todas sus dimensiones.

Más que otra cosa, el cuerpo es la disposición material del ser humano para añadir a su racionalidad y así añadir al plexo comunitario. Así como el cuerpo-máquina moderno y posmoderno, cuando no

---

[17] "Tu esencia es lo que, por ti mismo, eres". Aristóteles, *Metafísica*, Libro V, Capítulo Cuarto, 1029b15.

[18] Cfr. *Ibid.*, Libro VII, Capítulo Décimo.

[19] Cfr. Aristóteles, *De anima*, Libro II, Capítulo Primero.

[20] "Hombre es enunciado del alma". Aristóteles, *Metafísica*, Libro V, Capítulo Undécimo, 1037a25.

tiene una finalidad superior a producir, pierde sentido. La disposición es superior a la producción y, evidentemente, a los impulsos que le son parte para su articulación racional. En el esquema aristotélico, se vuelve muy claro que el sentido de la operación de todas la funciones humanas, y por tanto la actualización apropiada, se llama virtud, la cual hace posible la *felicidad*. El cuerpo abandonado a sus impulsos se deshumaniza, tal cual sucede con el que reduce su disposición a producir para tener.

2. El cuerpo como generación y corrupción humana

El ser humano como entidad que supone cuerpo está sometida a los procesos naturales de toda vida: *corrupción* y *generación*. Para el pensamiento clásico existen entidades que no se encuentran sometidas a dichos procesos dado que se trata de entidades simples formales, es decir, que carecen de materialidad; por ejemplo, las figuras geométricas no se generan ni corrompen al carecer de cuerpo.[21] Esto quiere decir que, además de ser considerado como componente de la entidad humana, es la razón de ser de la corruptibilidad y muerte en el hombre.

Para comenzar a profundizar en la idea clásica de generación humana, conviene analizar los distintos tipos de entidades compuestas, los cuales se generan de distinto modo que se distingue por su principio o causa. De esa manera, los entes se pueden generar por naturaleza, otras por arte y otras espontáneamente, y aquello de lo que provienen es lo que llamamos materia. El hombre es considerado dentro de los entes vivos, y como tal, se considera que es un tipo de ente que proviene de la naturaleza.

Es importante decir que la idea clásica de generación presupone ya la existencia del *género*[22] animal, además de la *especie* humana. El pensamiento clásico estagirita no se cuestiona por el surgimiento de los primeros seres humanos, sino que están implícitos en su

[21] Cfr. Aristóteles, *Metafísica*, Libro VII, Capítulo Decimoquinto.

[22] Cfr. *Ibid.*, Libro V, Capítulo Vigesimoctavo. Género: 1) la generación de los individuos de la misma especie (género humano). 2) de aquél del cual proceden (Helenos *vs.* Jonios).

explicación. De esa forma, la idea de generación, de origen, es con base en la presuposición de que la existencia de los hombres surge de la existencia de otros hombres.[23] Entre el huevo y la gallina, en esta perspectiva, se presupone la existencia de la gallina que hace posible al huevo.[24]

En cambio, el pensamiento de Aquino al respecto es meramente teológico y difícilmente puede explicarse antropológicamente. En autores como él, la noción de generación presupone a un hombre creado, en tanto forma y materia, directamente del poder divino. En un salto sin precedente a presupuestos teológicos, asume que el primer hombre no es generado a partir de ninguna materia en potencia. Este hombre primero pues, desde dicha ampliación clásica, no proviene de semen humano: Adán nunca fue embrión.[25] Al final la idea es la misma, en ambos se tiene dada la existencia de los seres humanos, ya sea por presupuestos teológicos o teleológicos.

El modo en que según Aristóteles sucede la generación humana es partiendo del semen. Entiende que el esperma es un cuerpo dentro de los órganos tanto femeninos como masculinos;[26] el semen se entiende como una sustancia natural: un cuerpo humano en potencia[27] y un alma también en potencia.[28] Esto quiere decir que en el pensamiento clásico, el semen ya es un ser humano en potencia, dado que posee materia y forma en potencia. En cuanto a la composición material del semen, se entiende como materia primera, es decir, como tierra, agua, fuego y aire compuestos con una especie de algo más, respecto al cual solamente se hace un símil con el supuesto éter que compone los cuerpos celestes.

23 Cfr. *Ibid.*, Libro VII, Capítulo Noveno.

24 "Un hombre engendra a un hombre". *Ibid.*, Libro VII, Capítulo Séptimo, 1032a25.

25 Cfr. Gustavo Bitocchi, "El cuerpo de Adán en Tomás de Aquino". *Revista Chilena de Estudios Medievales*, 14 (2018), pp. 8-18.

26 Cfr. Aristóteles, *Historia de los animales*, Libro X, Capítulo 3.

27 "Lo que está en potencia de vivir no es el *cuerpo* que ha echado fuera el alma, sino aquel que la posee. El esperma y el fruto, por su parte, son tal tipo de *cuerpo* en potencia". *Ibid.*, Libro II, Capítulo Primero, 412b25.

28 *Ibid.*, 735 a.

Es interesante apuntar que, en la aportación de Tomás de Aquino, la tierra es también recurso material en la creación del hombre, pero solamente del primer hombre creado directamente por Dios.[29] Asimismo, se preocupa por profundizar en la jerarquización de los cuatro elementos como componentes primarios del primer hombre.[30] Con respecto a la primera mujer, la materia primera es un hueso proveniente del primer hombre.[31]

A final de cuentas, el origen del cuerpo es considerado la materia proveniente del universo, de otros cuerpos mundanos. Lo importante de esta aportación es rescatar el arraigo de la vida humana al cosmos; es muy relevante considerarlo como barro del mundo que habita. Quizá lo imprescindible que ha de notarse es que hasta el semen no puede comprenderse sino es en miras a su finalidad, aun cuando la idea parezca en cierta medida exagerada.

Respecto a la forma, el semen tiene un alma en potencia, no en acto, lo que quiere decir que no puede considerarse cuerpo humano. Tampoco puede afirmarse que se trate de un ente natural vivo, pues no hay respuesta a qué tipo de vida tiene. El caso es que una vez que ambos fluidos son depositados en el útero femenino, el alma en potencia pasa a ser en acto y la composición de ambas sustancias (semen femenino y masculino) forma la materia o cuerpo humano.[32] Esto quiere decir que el alma racional en potencia se actualiza al mezclarse los dos fluidos, es decir, existe alma humana desde el momento de la concepción.

Por otro lado, en la idea de Tomás de Aquino sucede algo parecido, pero más paulatino, pues comentará sobre una especie de evolución en el alma del embrión en la que primero será vegetativa, después sensitiva y, finalmente, la materia se encontrará en un nivel de disposición

---

29 Cfr. Gustavo Bitocchi, "El cuerpo de Adán…".

30 Cfr. *Ibid.*

31 Cfr. *Ibid.*

32 "El esperma no es aún potencia de hombre (puesto que tiene que depositarse en otro y transformarse), pero una vez que ha llegado a ser tal, por el principio que le es propio, entonces ya lo es en potencia. En su estado previo necesita, sin embargo, de otro principio […]". Aristóteles, *Metafísica*, Libro IX, Capítulo Séptimo, 1049a10-15.

suficiente como para hablar de un alma racional.[33] La perspectiva de Aquino compromete la vida embrionaria en tanto que es humana, de naturaleza humana.

El punto central clásico es que, en cuanto la generación de cada hombre como entidad compuesta, la forma no se genera.[34] *La forma es común a todas las entidades del mismo género y no es generada*. Puede decirse que el alma es común a todo hombre y pareciera individualizarse al informar a tal cuerpo con el que compone la entidad. He aquí un asunto de extrema relevancia con respecto a la novedad de cada ser humano: si la esencia primera de la persona es el alma, y ésta no se genera y es compartida por todas las personas, el aspecto del cada quien queda sumamente comprometido.

El nuevo ente que se conforma posee el principio de generación porque llega a actualizar por sí mismo las potencias humanas a modo de su principio vital si no hay impedimento exterior. Para la concepción aristotélica, el ente natural vivo que conforman ambos fluidos ya posee el alma racional en acto, por tanto, se trata desde ese momento de un ente humano y como tal, ya posee en sí el principio de vida humana, es decir, naturaleza humana. Se asume que los entes que provienen de la naturaleza llegan a ser *según la naturaleza* y son generados *bajo la acción de la naturaleza*.[35]

Tanto en Aristóteles como en Aquino el principio natural es propio del cuerpo.[36] Esto se ha confirmado por la biología evolutiva, pues desde las primeras etapas se trata de un organismo individual que ya posee un sistema inmune, ADN humano propio y lo más importante, la teleonomía humana (noción evolucionada de la teleología Aristotélica).[37] Es de extrema relevancia hacer notar que aun con las limitantes

---

33 Cfr. Julio A. Castello, "Hombre y naturaleza…".

34 El alma es forma de aquel sujeto con la posibilidad de convertirse en un ser de tal tipo. Cfr. Aristóteles, *De anima*, Libro II, Capítulo Segundo, 414a25.

35 La naturaleza se comprende aquí sobre todo como forma de la misma especie, los entes de la misma especie (los entes humanos a la especie humana) comparten una misma forma a la que a veces se refiere como naturaleza (naturaleza humana). Cfr. Aristóteles, *Metafísica*, Libro VII, Capítulo Séptimo.

36 Cfr. Julio A. Castello, "Hombre y naturaleza…", pp. 621- 632.

37 Jacques Monod, *El azar y la necesidad. Ensayo sobre la filosofía natural de la biología moderna* (trad. Francisco Ferrer Lerín), Barcelona, Tusquets, 1970.

que suponen el desconocimiento griego y medieval de las estructuras microscópicas orgánicas, la aportación antigua clásica llega a acertar en que un óvulo fecundado ya es un cuerpo humano con principio vital racional, ya es un ser humano.

Sin embargo, una de las preguntas más importantes, hilo conductor del pensamiento antropológico filosófico es la del origen de la libertad. La metafísica entiende al ser humano como parte de la naturaleza del cosmos, pero el gran problema de esto es que a la libertad, como noción idéntica a la racionalidad, se le asume un fundamento natural y, por tanto, se le encarcela refiriéndola a un objeto y no a una persona. La libertad solamente es personal si su crecimiento es irrestricto, desobturado y referido a un quién.

En cuanto a la muerte, dado que la *materia* es principio de generación, se le considera al mismo tiempo principio de corruptibilidad del ente. Esto quiere decir que en el pensamiento clásico, el cuerpo es considerado la causa de muerte en el ser humano. A su vez, lo corruptible se da en toda entidad compuesta, por tanto, el hombre mismo es corruptible o mortal.[38] Esto no quiere decir que se considere como un cadáver en potencia, porque potencia y privación son contrarios.[39]

En ese sentido, el viviente hecho cadáver es lo mismo que el vino convertido en vinagre: una corrupción accidental.[40] La muerte en el hombre es considerada accidental, por lo que éste no es considerado esencialmente mortal. Puede pensarse que su forma es una especie

---

38 Cfr. Aristóteles, *Metafísica*, Libro X, Capítulo Décimo.

39 Cfr. *Ibid.*, Libro V, Capítulo Décimo. Privación: 1) cuando se carece de alguno de los atributos que se poseen por naturaleza, aun cuando al que carece de él no le corresponde naturalmente poseerlo (la planta de ojos). 2) si carece de algo que naturalmente le corresponde (hombre de ojos). 3) si carece de algo que naturalmente le corresponde en el momento en que le corresponde. 4) la sustracción violenta de cualquier cosa. Cfr. *Ibid.*, Libro V, Capítulo Vigesimosegundo. Opuestos, contrarios, diversos en cuanto a la especie: Opuestos: 1) aquello que no puede estar presente a la vez en un sujeto. Contrarios: 1) aquellas cosas que siendo diferentes en cuanto al género, no pueden estar presentes a la vez (animal y no animal). 2) aquellas que perteneciendo al mismo género, difieren en grado sumo (animal y hombre). 3) aquellas en el mismo sujeto, difieren en grado sumo (*corporal* y espiritual). 4) aquellas de la misma potencia difieren en grado sumo. 5) aquellas cuya diferencia es máxima en género y especie (mesa y animal).

40 Cfr. *Ibid.*, Libro VII, Capítulo Tercero. Accidente: 1) aquello que se da en algo pero no la mayoría de las veces (encontrar un tesoro mientras se cava un hoyo para plantar). 2) propiedades que pertenecen a cada cosa por sí misma sin formar parte de su entidad.

de componente primordial mientras que la materia es un componente secundario. Tomás de Aquino partirá de aquí para teorizar sobre la inmortalidad del ser humano, esto es, en su alma.[41]

El cuerpo también subsiste en tanto materia prima que hará posible la generación de nuevos seres naturales. Esto es así porque, desde el punto de vista causa-efecto, venimos de cadáveres en el sentido de que un viviente se degenera en materia primaria, en tierra y fuego, potencia de un nuevo viviente, así como el vinagre se tiene que descomponer en agua para que del agua surja el vino de nuevo.[42] Así, la muerte del ser humano se comprende como parte de su participación en el mundo. Con su muerte, gracias al cuerpo, los seres se relacionan con los demás entes vivientes en cuanto a la interdependencia de su corrupción y generación, y los cadáveres son composta para la generación de otras especies.

Lo anterior resulta de gran relevancia respecto al nivel de unidad en la cosmovisión clásica. El mundo de los cuerpos se encuentra en extrema *interdependencia* y el cauce de la vida aparece con muy buenas coordenadas. La vida humana es el modo más alto dada su naturaleza racional y la racionalidad humana da paso a comprender el logos como la cúspide de la jerarquía que es el universo. La realidad como jerarquía de dualidades es una aportación clásica de absoluta importancia cuyo método ayuda a comprender la dualidad materia y forma; cuerpo y racionalidad.

Pensar que la forma no sea corruptible y generada, sino que universal y permanente, supone el problema de definir lo que distingue a cada hombre. A lo largo de su obra, Aristóteles deja suponer, en algunos casos, que es la materia el principio de individuación, mientras que la forma humana es la misma; no obstante, en otros, la forma es el principio de individuación.[43] La idea de que el hombre es propiamente su forma tiene origen platónico;[44] en dicha perspectiva, la unión de la forma al cuerpo se da en una especie de encarcelamiento dentro de una fatalidad cósmica que separa al hombre de su origen

---

[41] Cfr. Julio A. Castello, "Hombre y naturaleza…".

[42] Cfr. Aristóteles, *Metafísica*, Libro VIII, Capítulo Quinto.

[43] Cfr. *Ibid.*, Libro VII, Capítulo Noveno, 1034a.

[44] Cfr. Silvana Filippi, "El alma unida…", pp. 53-62.

y fin.[45] Sin embargo, en Aristóteles termina siendo más contundente la propuesta de que lo más distintivo de cada hombre es la entidad compuesta,[46] la manifestación de la forma en su materia, del alma en su cuerpo.[47] A su vez, Aquino partirá de la misma línea en cuanto al individuo humano.

Lo recién expuesto quiere decir que la aportación clásica deja claro que el cuerpo humano no puede comprenderse sin el alma. No obstante, puede verse que la metafísica no alcanza la infinitud del hombre en tanto que lo entiende como un ente compuesto de forma incorruptible y materia corruptible. Platón apuntará al cuerpo no solamente como parte corruptible del ser humano, sino algunos de los males que el cuerpo es capaz de causarle directamente al alma inmortal.[48] Incluso, la idea de la supervivencia del alma no alcanza para hablar de la vida humana después de la muerte, porque desde esta misma postura, el alma no es quien la persona es, por lo que se le desfuturiza el futuro y se le constriñe en la muerte. De esta forma, se abre el problema de distinguir la inmortalidad del alma y la resurrección de la persona.

3. El cuerpo como causa de la diferencia sexual

Resulta evidente que la generación de los seres humanos se encuentra totalmente ligada a la diferencia sexual, y hasta cierto punto, causada gracias a ella:

> ¿Por qué la mujer no difiere del varón en cuanto a especie, siendo la hembra y el varón contrarios y siendo la diferencia contrariedad, y, sin embargo, el animal hembra y el macho no son distintos en cuan-

45 Cfr. *Ibid.*

46 Cfr. Aristóteles, *Metafísica,* Libro VIII, Capítulo Tercero. La entidad no admite números en tanto que forma sino que acaso unida a la materia. Por lo que hace al individuo, individuo no es su alma, sino ésta unida a su *cuerpo.*

47 "[...] la forma de hombre se manifiesta siempre en carnes, huesos y partes de este tipo". *Ibid.,* Libro VII, Capítulo Undécimo, 1036b5.

48 Víctor Hugo Méndez, "El cuerpo sexuado en los diálogos de Platón". *Daimon. Revista Internacional de Filosofía*, Suplemento, 5 (2016), pp. 109-118.

> to a la especie. Y esto a pesar de que tal diferencia lo es del animal por sí [...] "hembra" y "macho" se dan en él en tanto que animal.[49]

Contrarios es la noción clave desde la que el cuerpo se entiende como la causa de la diferencia sexual.[50] Primero, habrá que enlistar todo aquello que significa: un aspecto se refiere a las cosas que, siendo diferentes en cuanto al género, no pueden estar presentes a la vez en un mismo ente. No puede presentarse ser mujer y ser varón en el mismo ente humano; todo ser humano es naturalmente varón o mujer. Por otro lado, también se refiere a las diferencias que, perteneciendo al mismo género, difieren en grado sumo; mujeres y varones son radicalmente distintos, pero ambos humanos. Esto quiere decir que, al hablar de contrarios, ya se asume que todo ser humano es o varón o mujer y los sexos difieren en grado sumo.

En este sentido, la humanidad es una *dualidad complementaria* y *éste es el aspecto* más básico que puede afirmarse sobre la sexualidad. Así, se dice dual porque, efectivamente, *no existe un espectro de posibilidades sexuales, existen dos*, y algunas rarísimas excepciones que responden a anomalías y trastornos desafortunados precisamente antinaturales.[51]

Finalmente, con contrarios también se refiere a aquello de la misma potencia que difiere en grado sumo; mujer y varón provienen de la misma materia en potencia; es decir, de la composición de semen femenino y masculino. Según los clásicos, el semen femenino tiene la materia en potencia y el masculino tiene el alma en potencia.[52] Dicha idea es compartida por Tomás de Aquino quien señala que el varón aporta el alma.[53]

---

49 Aristóteles, *Metafísica,* Libro X, Capítulo Noveno, 1058a30.

50 Cfr. *Ibid.,* Libro V, Capítulo Décimo.

51 Para conocer más sobre la diferenciación sexual anómala se puede confrontar el siguiente artículo médico: Laura Audí Parera, Cristina Azcona San Julián, Jesús Barreiro Conde *et al.*, "Anomalías del desarrollo sexual. Desarrollo sexual diferente". *Protoc diagn ter pediatr*, 1 (2019), pp. 1-19.

52 Aristóteles considera que la hembra aporta la materia y el macho la forma, en los procesos de generación. Cfr. Aristóteles, *Metafísica*, Libro V, Capítulo Vigesimoctavo.

53 Cfr. Gustavo Bitocchi, "El cuerpo de Adán...".

Ahora bien, las contrariedades que están en la forma producen una diferencia respecto a la especie, pues la forma del pájaro es distinta a la forma del humano por la que pájaro y humano no son de la misma especie. En cuanto a la diferencia sexual, no es de la forma; sino de la forma en tanto entra en composición con la materia. No existen nociones de almas femeninas y masculinas; más bien es el alma humana que, al entrar en composición con la materia, se diferencia afectando a la entidad.[54] Al afectarse la entidad, la diferencia sexual afecta al alma racional pues informa un cuerpo de varón o de mujer. Por otro lado, el modo en que las diferencias sexuales que provienen de la materia afectan al ente no son accidentales:[55] "'Macho' y 'hembra' son, a su vez, afecciones propias del animal, pero no en cuanto a la entidad, sino que radican en la materia y en el cuerpo, y por eso el mismo esperma llega a ser hembra o macho al ser afectado por cierta afección".[56]

Quiere decir que son parte de la entidad: el ser varón o ser mujer, afecta esencialmente al ser humano. No es equiparable pensar que las distinciones en blancura, altura, anchura o cualquier otra característica accidental se dan de la misma manera que la distinción sexual porque no es accidental. La sexualidad no es accidental pues se da necesariamente;[57] no puede ser de otro modo que como es, además, afecta sustancialmente al ser humano, le hace existir de cierto modo respecto a su naturaleza. He aquí una clave fundamental para comprender por qué el rechazo a esta distinción trae tantos problemas, pues lo que se oscurece no es accidental en la vida humana.

Toda persona humana es en su dimensión natural varón o mujer dado que toda persona humana es necesariamente *corpórea*. Dicha dotación afecta sustancialmente su vida; todas sus operaciones se ven influidas por el hecho de que la actualización de las potencias sea de una mujer o de un varón. Esto quiere decir que la sexualidad en el ser humano no es únicamente un aspecto más de éste, sino que es un modo natural de ser; por consiguiente, para cambiar el sexo de

[54] Cfr. Aristóteles, *Metafísica*, Libro X, Capítulo Noveno.

[55] Cfr. *Ibid.*, Libro V, Capítulo Trigésimo.

[56] *Ibid.*, Libro X, Capítulo Noveno, 1058b20.

[57] Cfr. *Ibid.*, Libro V, Capítulo Quinto.

una persona, tendría que volver a ser concebida. Esta idea es compartida por el aquinate a diferencia de la idea platónica, pues para este último, el ser humano es más propiamente su alma y las diferencias corpóreas poseen un carácter de utilidad sociopolítica.[58] El dualismo platónico que divide al cuerpo del alma puede considerarse un buen semillero para el dualismo moderno y postmoderno donde el cuerpo es objeto extenso, ajeno y sospechoso.

La primacía de la ontología sobre la gnoseología es una consideración que establece la distinción entre los diversos sentidos del ser. Es así que el radical clásico es de extrema relevancia para aproximarse al significado del cuerpo, pues lo comprende en tanto dimensión del ser humano. El pensamiento clásico aporta una noción fundamental que es la de *naturaleza humana*, definición necesaria para abarcar lo correspondiente al carácter *universal*. Dado que el pensamiento clásico se mueve en las categorías de materia y forma, esencia y existencia, de acto y potencia, al cuerpo se le comprende desde tales coordenadas.

Dentro de lo más importante, tres son los aspectos que se consiguen a partir del radical clásico. El primero, que el cuerpo es *componente material* del ser humano; por tanto, es *potencia* respecto de la forma y disposición orgánica para la operación racional. Esto quiere decir que el modo de ser tiene un sentido claro en cuanto su naturaleza que es humanizarse, conformarse, manifestar al alma. Aunque aún está por verse si esta postura comparece con la libertad personal, pero desde aquí es claro que orienta, en buena medida, a comprender parte del fundamento que enraíza al cuerpo en la vida humana.

El segundo es que como compuesto de la entidad que es el hombre en la metafísica; *tiene un papel relevante en el origen y la muerte del ser humano*. En cuanto a su origen, es potencia, es posibilidad. En la cosmovisión clásica, todo cuerpo proviene en cierta medida de otros cuerpos, lo cual arraiga al hombre en el cosmos. Asimismo, es corruptible y ésa es la razón por la que el hombre muere; sin embargo, la corruptibilidad es accidental.

Es imprescindible considerar que el cuerpo da razón del origen y fin de la vida humana en su aspecto natural. Esto le otorga al ser un

58 Cfr. Víctor Hugo Méndez, "El cuerpo sexuado...".

carácter histórico y biográfico, le provee un lugar en el cosmos y da razón de la diferencia sexual. Dado que se trata de una diferencia de carácter necesario, no puede considerarse como accidental. La distinción de varón y mujer es esencial, pues afecta la vida humana en todos sus modos de operar, y no porque existan almas femeninas y masculinas, más bien porque el alma humana, al informar a cuerpos diferenciados, opera distinto. No obstante, esto no habla de la existencia de dos naturalezas humanas, sino de la dualidad de la naturaleza humana.

B. Las aportaciones del enfoque metafísico a la crisis

La aportación característica de la metafísica es *su carácter de teórica, es decir, es considerada un fin en sí misma*. Se trata de una aportación que marca la gran diferencia del pensamiento moderno que le prosigue y del mitológico religioso que le antecede, pues no se reduce a la utilidad o producción. La filosofía no está alineada a resultados externos, sino a la inmanencia, a la transformación humana mediante su actividad.[59] Para los clásicos, pensar es la actividad de mayor felicidad y la fortuna es el caudal que se origina revelando aciertos al pensar. Un filósofo que supone el pensar como medio cae en la relatividad de los fines y en un absurdo sentido de la vida humana. En suma, su aportación consiste en establecer el *fundamento* presente para el ser humano y su felicidad; pretende encontrar el fundamento de todo lo que existe y el modo en que se relaciona universalmente.[60]

Sin embargo, la metafísica ordena la vida natural. Para encontrar el puesto del hombre en el cosmos se requiere pensar la similitud con otros cuerpos y su diferencia: se necesita establecer la naturaleza humana. El hombre se comprende como una entidad compuesta de

59 Cfr. Antonio Millán Puelles, *Fundamentos de filosofía*, 12a. ed., Madrid, Rialp, 1985, p. 31.

60 Cfr. Leonardo Polo, *Curso de teoría...*, V. II, 309 y ss.

forma y materia. En última instancia, el cuerpo humano contiene todos los elementos del universo en sí mismo, además, en composición con su forma, es capaz de las potencias de todo lo vivo. Por último, puede entenderse que la vida humana es un micro universo.

El planteamiento metafísico propone dichas coordenadas que, además de sólidas, son orientadoras. Aun cuando no alumbra lo suficiente la relación del cuerpo con la libertad personal, sí lo hace respecto a la relación con la naturaleza humana y el vínculo de ésta con el cosmos. La filosofía clásica no deja de actualizarse y reconocerse como una innovación trascendental del ser humano. A pesar de que deviene en algunos callejones sin salida respecto a la libertad, en buena medida sintetiza una explicación consistente acerca de la naturaleza y los límites que no deben sobrepasarse para evitar la desintegración de la noción de cuerpo.

Aunado a lo anterior, se obtienen los aspectos sobre el cuerpo que orientan en temas relacionados con el sentido natural de la sexualidad, la generación humana y la muerte. Por otro lado, la búsqueda de una teoría definitiva explicativa de todo el universo natural que incluya al cuerpo del hombre, su aparición en el mundo y su sentido en el cosmos, propone un buen escenario para partir a la subjetividad, y "más acá", a la intimidad. La aportación más importante es afirmar que se puede encontrar el significado del cuerpo en una relación con el cosmos no tan problemática como parece en la actualidad.

La metafísica sienta buenas bases para afirmar, en primer lugar, que el significado del cuerpo es cognoscible, pues es parte de la realidad y no únicamente desde una perspectiva *anatómica* o únicamente subjetiva, sino también en cuanto los aspectos inmateriales que juegan un papel importante. La causa y finalidad no responden únicamente aspectos subjetivos, sino que al modo de ser del ser humano con respecto a su naturaleza. Esto conduce a otra observación: el método de la metafísica hace posible conocer el sentido del cuerpo y las reglas que el cuerpo mismo trae como ley natural dado su modo de ser, su causa y sus finalidades naturales.

Sin embargo, el asunto de la libertad se obtura al identificarla con la *racionalidad*. Eso quiere decir que no hay libertad personal, sino que es la misma en todo individuo y unos participan más o menos de ella, según su capacidad de operar racionalmente todas sus funciones. "He ahí la mayor limitante a superar en el radical clásico."

1. La esencia humana como realidad cognoscible

Considerar la naturaleza humana como cognoscible parte del concepto de ente. Es la noción que primeramente concibe el intelecto, ya que es la idea más indudable y donde vienen a fundarse todas las concepciones. Toda realidad es cognoscible al estar determinada por su naturaleza o su modo de ser. La metafísica deja claras las coordenadas para afirmar que la esencia humana[61] es la forma de tal hombre; es *corporal*, viva[62] y puede conocerse.[63] Todo lo anterior niega rotundamente el pensamiento moderno que plantea la independencia de la forma respecto al cuerpo, por lo que éste no posee principio vital y no puede conocerse.

No obstante, la naturaleza humana tiene un aspecto universal que, además, puede conocerse distinguiendo la forma humana, la cual es una e incorruptible de la materia dividida infinitamente en muchos individuos de la misma especie. [64] Desde la metafísica, no puede hacerse lo mismo con cada hombre; al contrario, cada uno puede conocerse individualmente,[65] en su compuesto de cuerpo y alma, pero no puede hacerse ciencia de un hombre solo, sino de la especie o género.

---

61 Cfr. Aristóteles, *Metafísica*, Libro V, Capítulo Decimoctavo. Por sí mismo: 1) la esencia a cada cosa. 2) cuantas determinaciones contenidas en la esencia. 3) el sujeto de algo si este se da inmediatamente en aquello mismo o en alguna parte (la vida en el hombre, porque se da por sí misma en su alma y su alma es parte de él). 4) aquello que no tiene otra causa. 5) las propiedades que pertenecen a una cosa sola y en tanto que es ella sola.

62 Cfr. *Ibid.*, Libro VII, Capítulo Undécimo.

63 "En la mayoría de los casos se puede observar cómo el alma no hace ni padece nada sin el *cuerpo* [...] inteligir parece algo particularmente exclusivo de ella; pero ni esto siquiera podrá tener lugar sin el *cuerpo*". Aristóteles, *De anima.*, Libro I, Capítulo Primero, 403a5-10.

64 "En efecto, el alma y aquello en que consiste ser-alma son lo mismo, pero no son lo mismo el hombre y aquello en que consiste ser-hombre, a no ser que se llame hombre al alma. Así pues son en cierto modo lo mismo y en cierto modo no". Aristóteles, *Metafísica*, Libro VIII, Capítulo Tercero.

65 "El *cuerpo* no es de las cosas que se dicen de un sujeto [...] realiza la función de sujeto y materia". Aristóteles, *De anima*, Libro II, Capítulo Primero, 412a15.

Definitivamente, la pregunta por la vida de cada quien es una limitante de la metafísica, pero no por ello su aportación sobre la vida humana universal es desechable. De hecho, es un referente necesario para comprender la distinción del cuerpo humano frente a todos los demás cuerpos del cosmos y su modo de habitarlo.

Aristóteles plantea suficientemente el modo de conocer la vida que vivifica al cuerpo humano mediante la analogía de la individuación del círculo en el bronce: [66] es la forma "círculo" por la cual el círculo se manifiesta como tal ente.[67] El cuerpo del ser humano no se puede separar cognoscitivamente de su naturaleza porque ésta no se realiza en otra cosa que no sea en un humano. Por lo mismo, no se puede entender la vida humana sino en el compuesto de su alma y cuerpo como una sola cosa; y esto es así de todas las realidades sensibles donde se incluye al ser humano. No puede definirse el cuerpo sin su movimiento o vida;[68] y *no puede definirse la vida humana sin su cuerpo*. La filosofía clásica deja claro que distinguir no implica separar, por el contrario, al separar es imposible conocer la naturaleza de lo que se estudia. La esencia humana se puede conocer, pero para ello es indispensable no caer en el análisis.

La filosofía clásica constituye un recurso muy maduro, sin embargo, pese a ser indiscutible, no puede decirse que sea la última palabra antropológica. No obstante y en definitiva, la idea de la *unidad sustancial de alma y cuerpo* en el hombre es indispensable para desahogar el caos moderno, pues hace posible conciliar lo extratemporal y comprenderlo unido al cuerpo, que corresponde a la dimensión temporal.

El dualismo cartesiano se supera asumiendo estas dimensiones como distintas, pero estrechamente vinculadas en una unidad sustancial; esto implica que el alma y el cuerpo no rompen la unidad del

---

66 "Y es que se aparta de la verdad al hacer suponer que el hombre puede existir sin sus partes, como el círculo sin el bronce". Aristóteles, *Metafísica*, Libro VII, Capítulo Undécimo, 1036b25-30.

67 Cfr. *Ibid.*, Libro V, Capítulo Decimoctavo. Por lo cual: 1) forma o entidad de cada cosa (aquello por lo que algo es bueno es la bondad). 2) el sujeto en el que sucede algo naturalmente o de inmediato (el color en la superficie). 3) en relación con la posición.

68 Cfr. Aristóteles, *De anima*, Libro II, Capítulo Primero. Dentro de los *cuerpos* naturales están los que tienen vida. Se llama vida a la autoalimentación, al crecimiento y al envejecimiento.

hombre, sino la constituyen. Con base en estos principios, conviene el desarrollo de disciplinas filosóficas que contribuyan a la solución de dificultades que devienen de pensar lo humano, pero sin desatender al modo moderno lo extratemporal en el universo y en el hombre.

Es claro que conviene que la psicología, anatomía, física, química y demás campos de saber sigan progresando en torno al conocimiento del cuerpo. Sin embargo, como se ve en el acercamiento a los lentes modernos, no conviene que los avances prosigan sin encuadrarse de un modo realista donde el método clásico resulta de gran ayuda. El progreso en las ciencias es de gran relevancia para significar al cuerpo siempre y cuando sus hallazgos no pretendan posicionarse en el lugar de la metafísica con respecto al saber humano. Que la antropología clásica no sea la verdad última sobre el ser humano, no quiere decir que resulte provechoso tirar por la borda la filosofía clásica. De hecho, es una fuerte pérdida si se quiere atender a la crisis que la actualidad manifiesta.

2. La unidad del cuerpo y el alma

En su naturaleza, el cuerpo humano no se encuentra adecuado al mundo, pero esto no involucra que el sentido de su estructura sea subjetivo o contrario al mismo. Su constitución es adecuada a su principio vital y esto es lo que le hace capaz de tener, producir y comunicar. Lo anterior implica que, en parte, el sentido de la estructura humana se comprende a la luz de su vida racional. Ahora, su disposición no se reduce a dichas capacidades, sino que se encuentra en disposición para producir, tener y comunicar en última instancia para posibilitar la *contemplación*. El conocer humano es una coordenada contundente con respecto al sentido del cuerpo y sus distinciones; más que otra cosa, es la disposición material del ser humano para añadir a su racionalidad y así añadir al plexo comunitario.

Dicho sentido es un buen referente para ampliar la idea de salud que, por tanto, es un hábito y trata de operar todas las actualizaciones posibles de un modo racional. Mantenerse saludable puede comprenderse como el hábito en el que todas las operaciones humanas, la nutrición, el crecimiento, la motricidad, las tendencias o pasiones, los afectos, se mantengan operando acorde con el bien del ser humano que las opera, así como de la sociedad donde vive. Para ello, es indispensable tener un esbozo antropológico claro que alumbre lo adecuado a cada ser según su disposición corporal.

No es de extrañar que los currículos educativos, incluyendo la mayoría de los actuales, tengan ya un buen sustento en el pensamiento clásico. El fondo es muy asertivo y se sostiene en que la organización del cuerpo debe ser armónica y adecuada en todas sus facultades. El rigor respecto al tema de salud, en una perspectiva clásica, además es expansivo, dado que considera en sentido último que la salud de cada ciudadano es indispensable para el buen funcionamiento de la polis, del plexo comunitario. Es decir, por un lado, ciudadanos saludables construyen un plexo saludable que, a su vez, es necesario para la reorganización habitual perfeccionante de cada uno de sus ciudadanos. La salud personal repercute en la pública y viceversa; argumento difícilmente rebatible después de la pandemia mundial comúnmente conocida como covid-19.

Los clásicos apuestan a que el mejor referente para conocer y adecuar el sentido de la vida corpórea es considerando la *ley*, criterio retomado por los romanos, recuérdese el caso de Cicerón.[69] No obstante, la ley se comprende como los estatutos filosóficos que favorezcan el comportamiento virtuoso y la dimensión social que la *virtud* posee. Por tanto, las leyes deben adecuarse a la naturaleza humana porque la ley natural es buen referente para organizar la vida humana y el modo en que cada hombre puede organizar sus facultades. Este crecimiento intelectual que organiza al cuerpo es el propio de la ética y se corresponde también con el crecimiento moral:[70] "la ética humana radica esencialmente en el establecimiento de condiciones para que el crecimiento no se detenga".[71] Esto deja clara la diferencia entre basar la ley en creencias y deseos individuales, muchos de ellos incluso

---

69 Cfr. Juan Cruz, "Cicerón. De la ley a la virtud". *Anuario Filosófico*, XXIV, 2 (2001).

70 Cfr. Genara Castillo, "El tiempo humano y la virtud ética como modo de ganar tiempo". *Studia Poliana*, 12 (2010), pp. 117-127.

71 *Ibid.*, p. 43.

destructivos para el cuerpo, y por esta razón, no se concebía una buena comunidad sin unas buenas leyes.[72]

La metafísica aporta una base sólida para fundar el comportamiento corporal al sentido esencial y natural del ser humano. Todas las funciones humanas, y por tanto, la actualización corporal adecuada a la realidad del ser –su naturaleza–, originan en el ser humano algo a lo que llama *virtud*, y es ésta la que hace posible la felicidad. Definitivamente, se trata de una noción de felicidad que no abarca lo más profundo del anhelo humano, pero plantea una buena coordenada desde la que se puede ampliar.

El fin natural del cuerpo es ser disposición para formar en el ser humano virtudes. Es el tema de la *ética* como aquella disciplina filosófica que estudia el tiempo desde el punto de vista de su sentido para el hombre. Si bien no da pie para ampliar su sentido trascendental, es un buen referente que mientras el hombre vive, es decir, está vigente antes de la muerte. Si no se atiende el sentido del cuerpo, el tiempo se va de las manos que se quedan abiertas únicamente a la técnica.

Cuando no hay terreno para la metafísica, se asume la noción de progreso indefinido: el hombre va consiguiendo cada vez más conocimientos con los que consolida su cualidad pragmática, esto es, su anhelo de éxito; así, cree que se libera de las fuerzas naturales al colocarlas a su favor. Pero, como se ha visto, es un arrojo sin fin en el que la persona se siente a duras penas recompensado por la magnificación de los medios, por la maravilla momentánea que le generan sus aparatos.

Paralelamente, la organización social precipita en la llamada tecnoestructura donde se favorece la desaparición de los males incómodos que aquejan a la humanidad; el caso más prestigioso es el de la medicina. Hoy, como desde el contexto cartesiano, la autoridad y el poder de los médicos es formidable, y la expectativa de alargar la vida y la salud no cesa de ser importante. Pero si la actual pandemia deja algo claro, es que, sin coordenadas éticas, así como se puede descubrir una

[72] Téngase en cuenta que buena parte del derecho civil vigente que fundamenta las leyes de los estados modernos toma su fuente del Derecho Romano. Por eso, quien hoy cifra lo distintivo del hombre en sus derechos, debido también al desconocimiento generalizado del Derecho Natural, no escapa de la mentalidad griega y, en consecuencia, sigue considerando que lo distintivo del hombre es el *tener*.

vacuna, también se puede desencadenar un caos biológico. La técnica es ambivalente: lo mismo puede generar medios productivos como destructivos, y su pretendido aislamiento de la filosofía le priva del control que necesita.

3. El influjo de la libertad en el cuerpo como ignoto

Ciertamente, el radical clásico sienta coordenadas sustanciales en torno a la naturaleza humana y con ellas establece coordenadas plausibles sobre el significado del cuerpo, así como de la relación de éste con el universo y en buena medida entre los hombres. El método es suficiente para una cosmovisión unificada y con referentes permanentes. La filosofía clásica aporta el significado universal del cuerpo, el significado del que todo humano participa en lo que concierne a su naturaleza, a sus facultades, sus operaciones o manifestaciones y a la orientación de estas en el plano histórico. Con dificultad se puede pensar en significar asertivamente al cuerpo sin antes echar mano de la propuesta clásica.

Queda por resolver algunas cuestiones: ¿Qué tan individual es la vida humana? ¿El acto de ser humano es el mismo en todos los humanos? ¿La esencia humana es la misma en todos? ¿La razón y la voluntad son suficientes para explicar la estrechez, la intimidad, del don personal? Pero sobre todo, ¿cuál es el influjo de la libertad en el propio cuerpo? El ser humano es una realidad peculiar, entre otros motivos, porque no se agota en las coordenadas de la necesidad sustancial. ¿En qué consiste esa peculiaridad? Según la metafísica, todo lo que es, es lo que es según su esencia. Esa aproximación es válida en el hombre, pero ciertamente pobre y reductiva si se considera su dignidad libre y amante. Para significar al cuerpo de la persona concreta el animal racional tiene poco que decir, a pesar de que sea uno los alcances lógicos más ricos en la antropología filosófica. ¿Cabe ampliar la lógica?

Si se avanza en niveles metafísicos, en cuanto a la esencia y la existencia, cabe preguntarse: ¿El hombre existe del mismo modo que los astros o los animales? Si bien para estos seres la profundidad de su dignidad descansa en su esencia, no es difícil sospechar la insuficiencia en el caso humano. He aquí un asunto central: queda inédita la singularidad libre que cada uno es. Una dignidad universal es poco digno para la libertad y más aún para la donación. La antropología antigua deja de algún modo *ignoto*, ignorado e inexplorado, el influjo de la libertad en el propio cuerpo.

La paradoja clásica establece que el ser humano es la única especie cuya individualidad es más digna que su especie, sin embargo, no hay fundamento para ello. La cuestión es que lo más distintivo de los hombres es únicamente la *persona*, el cada quien, la raíz de todas las perfecciones humanas, de todos los cambios y matices; en ese sentido, no hay dos personas iguales, ni semejantes en cuanto a lo radical de ellas. Cuando se pretende responder la pregunta acerca del quién es tal persona, no caben respuestas afines a alguien más, y en caso de ser así, se está describiendo lo menos radical en cada una de ellas. Por eso, aunque quepan definiciones de hombre, ninguna es buena, pues en rigor, solamente hay una para cada quien, lo cual le quita el carácter de definición.[73]

Vale la pena abrirse a comprender el cuerpo desde esta radicalidad personal, pues es la clave por la cual no se reduce a su carácter natural y tampoco a sus operaciones, sino que alcanza la personalización. Pensémoslo de la siguiente manera: el cuerpo de Lucía expresa, sobre todo y antes que cualquier aspecto natural o manifestativo, a Lucía. En el transcurso de la vida, lo novedoso de cada uno llena de matices a las manifestaciones humanas de esas potencias que son comunes a todos los hombres. Lo novedoso de Lucía matiza su hablar, su bailar, su moverse, su nutrirse y lo hace precisamente al modo de Lucía que, además de poseer aspectos naturales humanos y aspectos culturales, no se reduce a ellos. Es por lo anterior que cuando una madre pierde a un

[73] La *definición* es fruto de la *lógica*, se compone con el *género* y la *diferencia específica*. Pero es claro que la persona no es ningún género, sino cada una. Generalizar la noción de persona es desconocer a cada quien. La persona tampoco es diferencia específica alguna respecto de lo común, sino lo distinto, sin más, de lo común y de las demás personas. Generalizar y especificar lo general es hacer lógica. Pero la lógica no conoce lo real físico como tal: "si la definición pertenece al orden de las ideas generales y de sus terminaciones, asimilar la definición al juicio es una confusión", Leonardo Polo, *Curso de teoría del conocimiento*, V. III, p. 23. Menos aún sirve la lógica para conocer lo real espiritual. A lo que precede se podría replicar que si la persona no se define es porque es un individuo y, como los aristotélicos medievales advirtieron, el individuo es inefable, esto es, no susceptible de definición. Sin embargo –como veremos–, la persona tampoco es individuo.

hijo de cinco, nadie puede consolarla argumentando que tan sólo ha perdido al veinticinco por ciento de sus hijos. Toda persona sabría que esa madre ha perdido un infinito irremplazable y, sin importar si fuera un bebé de unos meses de edad, nadie la consolaría con la idea de que apenas realizaba tres operaciones que nada producían.

Asimismo, cuando nace un bebé, el asombro y la convocatoria que genera, en el mejor de los casos, no es por el modo en que realiza sus operaciones, indistintas entre recién nacidos, pues la mayoría son reflejas y codificadas orgánicamente. Lo que maravilla en el cuerpo de un bebé recién nacido es que revela la buena nueva de un comienzo vital personal abierto, es decir, un quién.

La naturaleza humana propuesta por el método clásico propone muy buenos ejes respecto a *la historicidad de la vida y el cosmos*. Sin embargo, es el aspecto biográfico el que queda al margen porque no pueden hacerse definiciones de lo distinto, irrepetible, radicalmente novedoso y sin precedente. La realidad es que cada uno irrumpe abruptamente en la historia. Por tal motivo, la historia humana es discontinua, pues está formada por novedades radicales y por ello, la cosmovisión metafísica no alcanza para vidas libres.

Lo común en los hombres es la naturaleza humana y lo distinto, la persona. La diferencia entre personas es personal, no natural, por lo que las distinciones corporales humanas no son solamente naturales, sino que se encuentran abiertas a la vida de cada uno. Claramente no se da esa distinción en los animales, en ellos, el cuerpo es únicamente natural porque ninguno añade una nota de más que salte por encima de las notas que caracterizan a su especie. A veces, las personas proyectan su propia personalidad en el comportamiento animal, pero esto no quiere decir que el animal se distinga de los individuos de su especie. De igual manera, el ser humano es capaz de manipular el cuerpo de animales de tal modo que manifiesten comportamientos que otros individuos no tienen. A pesar de estos casos, el comportamiento sigue siendo instintivo y lo que lo distingue es la influencia del ser humano, por eso, todo animal está subordinado o en función de su especie.

En contraste, lo peculiar de cada hombre es, por mucho, preferente a lo común humano. Esto quiere decir que lo propio de la humanidad está en función de quién vive. Por esa razón: "visto un león, están vistos todos, y vista una oveja, todas; pero visto un hombre, no está visto sino uno, y aun ese no bien conocido".[74] Así, *la persona humana subordina a sí misma la naturaleza humana*; por ejemplo, subordina su nutrición, los aspectos culturales, familiares, sociales, etcétera, al igual que su vida personal.

Considerando todo lo anterior, puede concluirse que, dado que la vida de las personas humanas no entra en una categoría de causas, la comprensión causal del hombre es pobre respecto a la dignidad humana. La *libertad* y el *amor* son lo más digno de la vida y es desde ahí donde se puede ampliar el significado del cuerpo.

[74] Baltasar Gracián, *El criticón*, Madrid, Cátedra, 1980, p. 225.

4. La novedad cristiana en el significado del cuerpo

A. De la naturaleza al ser personal

"¡Soy una persona!" "¡Tengo un recuerdo!", son expresiones de uso popular. La distinción entre ser y tener es de importante alcance tanto en la antropología filosófica como en la propia vida; si se confunden, caben errores como pensar: "¡Soy mi cuerpo!" "¡Soy mi alma!". Pero estas afirmaciones son equívocas y lo más propio sería decir con Edith Stein: "¡Yo no soy mi cuerpo, sino que lo poseo y lo domino! También puedo decir: ¡soy *en* mi cuerpo! [...] Soy un hombre y *tengo* cuerpo y alma. Mi cuerpo es el cuerpo de un hombre y mi alma el alma de un hombre, y esto significa que son un cuerpo *personal* y un alma *personal*".[1]

Si la persona fuera su cuerpo, se concluiría que alguien enfermo, lesionado o impedido es menos persona, dada la disminución de su vitalidad corporal. Lo mismo sucede cuando se encuentra en una etapa de desarrollo muy temprana y sus órganos aún son muy precarios; así, de ella habría que decir que es menos persona, cabe destacar, panorámica contemporánea real y con consecuencias aberrantes. Por este motivo, es urgente que cada uno vea en su cuerpo el significado

[1] Cfr. Edith Stein, *La estructura...*, p. 100.

personal de la vida y, como bien introduce Ortega y Gasset: "Vida humana como realidad radical es sólo la de cada cual, es sólo mi vida".[2]

Para poder internarnos oportunamente en el significado del cuerpo, es de suma importancia enfatizar que, si bien la modernidad manifiesta repetidamente la elección de alternativas *parciales* donde el significado del cuerpo se *deshumaniza*, también logra presentar un problema acertadamente detectado: la libertad;[3] el cuerpo de cada uno está estrechamente arraigado a la *libertad*. Debido a su originaria condición de libertad expansiva, el hombre es capaz de crecer y decrecer, de identificarse y de personalizar su vida.

La dimensión *encarnada* de la vida personal se descubre solamente *si la libertad es real*. Esto quiere decir que desplegar y actualizar las potencialidades de la persona humana no es únicamente propio de la naturaleza sino que es sobre todo un esfuerzo libre con un *sentido personal*. El fracaso de esta resolución se debe a la libre reducción del ser personal a un individuo más del cosmos, una especie más de cierta naturaleza, o peor aún, a un sujeto enajenado de la realidad. El problema central es que ni el análisis empleado en la modernidad ni la metafísica clásica alcanzan la libertad personal,[4] y con ello, el significado del cuerpo de cada quien.

El cuerpo no está finalizado por su propia naturaleza y por ello no se entiende desde la necesidad, pero tampoco se encuentra en total disposición de la subjetividad. Esto presenta una encrucijada dado que la naturaleza y la subjetividad pueden darse como objeto, en cambio, la persona es inobjetivable como rescata Scheler:[5] "[...] siempre que objetivamos en algún modo a un ser humano, se nos escurre su persona de la mano y sólo queda su mera cáscara".[6]

En esa tesitura, resulta necesario abandonar los límites mentales objetivantes para alcanzar lo trascendental de la persona humana.

---

2 José Ortega y Gasset, *El hombre y la gente*, Madrid, Revista de Occidente, 1980, pp. 46-47.

3 Cfr. Alberto Vargas, *Ser y don. Una teoría antropológica del juego*; *Genealogía del miedo. Un estudio antropológico de la modernidad desde Leonardo Polo*, Madrid, Sindéresis, 2020.

4 Cfr. *Ibid.*

5 Max Scheler, *Ética. Nuevo ensayo de fundamentación de un personalismo ético*, Madrid, Caparrós Editores, 2001.

6 Max Scheler, *Esencia y formas de la simpatía*, Buenos Aires, Losada, 3a. ed., 1957, p. 224.

Es en el corazón -en la intimidad-, donde encontramos el secreto de nuestro cuerpo, o bien, en palabras de Alice von Hildebrand en "donde se pronuncia su palabra más íntima".[7] De ahí la pertinencia de abrir paso a la noción de persona, de modo que alumbre el sentido de la vida corporal como una fuente inagotable de la que cada quien se encuentra en disposición para la vida a la que ha sido convocado.

Es indispensable anotar que la apertura al significado del cuerpo desde la intimidad personal implica necesariamente la apertura del significado de la propia vida en relación íntima con la divinidad. Si el hombre no se ve capaz de Dios, busca desesperadamente la réplica en sí mismo o en el cosmos, pretendiendo sacralizar a la criatura o devaluarse a sí mismo y personalizar los cuerpos que no son personales o despersonalizar cuerpos que sí lo son. Por ello, abrirse al significado personal requiere vislumbrar la posibilidad de que, si la persona coexiste con Dios, se signifique con un esplendor que supera, por mucho, las reducciones naturalistas, materialistas, relativistas e idealistas, incluso, las metafísicas. La apertura a la divinidad hace posible el esplendor del significado de cada quien en *carne y hueso*.

A continuación, se llevará a cabo la distinción de naturaleza y persona, con la convicción de que el cuerpo no se reduce a la dimensión natural de la vida de la persona, sino que es personal. Para ello, se destaca que Aristóteles no descubrió la persona y más bien, *la noción de persona es cristiana*. Así pues, surge en orden de la distinción del Padre, el Hijo y el Espíritu Santo y también de la unidad de Cristo, que tiene dos naturalezas, divina y humana.

La noción de persona es fructífera en gran parte por los filósofos medievales, que son también teólogos. Por ejemplo, en la patrística griega, uno de los autores más importantes es Gregorio de Nisa; asimismo, en Capadocia, se gesta la noción de persona en clave teológica pero también se explora, en menor medida, en clave humana. Más tarde, la indagación acerca de la persona llega a una madurez con Tomás de Aquino y es posible desarrollarla al tener en cuenta la distinción de ser y esencia. Por su parte, Leonardo Polo, filósofo español,

7 Dietrich von Hildebrand, *El corazón. Un análisis de la afectividad humana y divina*, Madrid, Palabra, 1996, p. 118.

propone dualidades trascendentales del ser personal, cuyo distintivo radical es la libertad y el amar. [8] La libertad refiere a cada persona como el *novum* capaz de redimir el pasado en tanto que es coexistente con las demás personas humanas, sobre todo con las divinas.

Si la persona no es principio primero, la metafísica no puede ser el método que comparezca con ella. De ser así, el cuerpo de la persona también se significa más allá del acto y la potencia. Dado que la persona es libre, su existencia tiene que considerarse estrictamente novedosa; esto quiere decir que el cuerpo de cada quien también es una realidad sin precedentes. Además, para que la libertad sea real, no puede estar destinada a un principio primero, a una causa necesaria, sino estar abierta a la destinación. Considerando lo anterior, cabe la oportunidad de pensar que también el cuerpo se encuentre abierto, no solamente a la vida racional y a la subjetividad de la persona, sino a la vida íntima y su proyecto personal.

1. Génesis de la distinción naturaleza y persona

En la metafísica de los griegos, la noción de persona se encuentra lejana, lo cual hace imposible comprender por qué la especie humana es la única en la que la individualidad es más digna que su especie. La metafísica no accede a la dignidad de cada quien, no puede entenderse desde las coordenadas clásicas de la naturaleza humana el radical que diferencia entre un individuo humano y un individuo de cualquier otra de las especies o substancias. La grave consecuencia

8 "Un descubrimiento así es fruto de lo que Polo llama el abandono del límite, por haber sido detectado en condiciones tales que cabe abandonarlo. Abandonar la situación crítica significa dar un salto trascendental al margen del cual es inevitable el aburrimiento y la desesperación. El 'sentido religioso' del yo se descubre abandonando el límite de la existencia solitaria que abre paso a un 'yo-en-acción' que además es [...] El salto trascendental es un abandonarse, abandonando al sí mismo para entregarlo a la Trascendencia en espera de la aceptación elevante del ser personal en tanto que *además* que *ademasea*. Por eso, abandonar es "desaferrarse" del límite para alcanzar la co-existencia: atreverse a soltarse de sí esperando ser más, es decir, *además* del *además*. Ese abandono consiste en aceptar que se es *además* de lo que se es; que se co-es. Lo anterior no significa que *además* de lo que es, hay otro lo que es, sino que el ser *además ademasea*: esto es un salto trascendental". Cfr. Leonardo Polo, *Antropología trascendental*, citado por Alberto Vargas, *Ser y don...*, p. 90.

es evidente en los naturalismos y materialismos que consideran al ser humano como uno más de los seres del cosmos, como un individuo de una especie más evolucionada. Si el ser humano se entiende como una sustancia cósmica, entonces, tendrán razón los ecologistas modernos y posteriores: "¡El ser humano es el cáncer del planeta!" "¡Es la única especie que destruye el sistema que mantiene con vida a todas las demás especies!" "¡Es la única especie que no obedece a la necesidad y por ello rebasa los límites de la misma!" Claro, todo esto es real, precisamente, porque no se trata de una especie.

Poder vislumbrar la dualidad naturaleza-persona es significativo no solamente para comprender el significado del cuerpo, sino para promover que todo hombre se encamine a la búsqueda de su propio sentido personal. La filosofía clásica no consigue comprender la libertad más allá del fundamento. Entender esto –que al conocer íntimamente la persona se la juega– muestra que un salto de ese tipo no se obtiene en la línea de la metafísica, sino que debe ser antropológico; es decir, no se consigue en una averiguación de lo "más allá", sino en la del "más acá". La apertura al ser humano comprendida como personal es una aportación filosófica cristiana; se trata de una noción importantísima en el ámbito teológico que necesitó un difícil proceso de refinación hasta distinguir a la persona de su naturaleza, por muy perfecta y acabada que ésta sea.

En los primeros siglos del cristianismo, sobre todo en las profesiones de fe que surgen de los primeros concilios ecuménicos como el de Nicea del año 325, pasando por de Calcedonia del 451,[9] que es el central para este punto, y llegando al II de Constantinopla del 553,[10] se distingue claramente las nociones de persona y naturaleza tanto en Dios

[9] En el símbolo de fe del Concilio de Calcedonia se lee: "Se ha de reconocer a un solo y mismo Cristo Señor, Hijo unigénito en dos naturalezas, sin confusión, sin cambio, sin división, sin separación. La diferencia de naturalezas de ningún modo queda suprimida por su unión, sino que queda a salvo las propiedades de cada una de las naturalezas y confluyen en una sola persona y en una sola hypóstasis, no partido o dividido en dos personas, sino uno solo y el mismo Hijo unigénito, Dios Verbo Señor Jesucristo". Enrique Denzinger, *El Magisterio de la Iglesia*, Barcelona, Herder, 1999, núm. 302.

[10] "Si alguno no confiesa una sola naturaleza o sustancia del Padre y del Hijo y del Espíritu Santo, y una sola virtud o potestad, Trinidad consustancial, una sola divinidad, adorada en tres hipóstasis o personas; ese tal sea anatema. Porque uno solo es Dios y Padre, de quien todo; un solo Señor Jesucristo, por quien todo; y un solo Espíritu santo, en quien todo". *Ibid.*, 421.

como en Cristo. Dicha distinción se halla en muchos otros escritos del Magisterio de la Iglesia católica de los primeros siglos,[11] pero esta tradición, que no es filosófica, sólo penetró en los pensadores cristianos. No obstante, el esfuerzo filosófico fue en gran parte por los padres griegos del siglo IV, en especial los Capadocios, quienes distinguieron la sustancia individual de su subsistencia y señalaron que, mientras la substancia aristotélica es fundamentalmente forma o esencia, la subsistencia señala el orden del ser.[12]

Por otro lado, Boecio define a la persona como substancia individual de naturaleza racional; en otras palabras, que el acto de ser homologa a los entes y lo que los diferencia entre sí son las formas que ese acto de ser actualiza. En ese sentido, el individuo humano se distinguiría de los individuos de otras especies en la racionalidad. Sin embargo, el problema es que formular una definición de persona resulta paradójico, pues el orden del ser no es idea formal susceptible a ser expresada por géneros y diferencias. La definición de Boecio hace que subsistencia y relacionalidad de la Persona Divina se pierdan. Por

[11] Por ejemplo, en el *Símbolo Quicumque* del siglo IV se dice: "sin confundir las personas ni separar la sustancia". *Ibid.*, 75. En la confesión de fe 'Clemens Trinitas' de los siglos V-VI se dice de Dios uno y trino: "Tres, ni confundidos ni divididos, sino tan distintamente unidos, como unidamente distintos, unidos por la sustancia, pero distintos por los nombres; unidos por la naturaleza, pero distintos por las personas". *Ibid.*, 73. El papa Anastasio II en su 'In prolixitate epistolae' del 497 escribió que "quienes no profesan que nuestro Señor Jesucristo es dos naturalezas sin confusión, pero una única persona, por la cual es un solo Cristo, igualmente un solo Hijo, estos son anatematizados por la Iglesia católica". *Ibid.*, 359. Por su parte, en la carta 'Inter ea quae' del 531 del papa Hormisdas se dice: "Adoramos al Padre y al Hijo y al Espíritu Santo, la sustancia de la Trinidad distintamente indistinta [...] en ella aún si la razón admite una pluralidad de personas, sin embargo la unidad no admite una pluralidad de la esencia; pero así como mantenemos la peculiaridad de cada persona, así mantengamos la peculiaridad de cada persona, a fin de que ni a las personas sea negada la singularidad de la divinidad ni sea trasladado a la esencia lo que es propio de los nombres". *Ibid.*, 367. La carta Dum in sanctae del 552 del papa Vigilo dice de Cristo: "Uniéndose pero sin confusión ni división, sin cambio y sustancialmente, Dios Verbo". Ds., 415. Y en su constitución Inter innumeras sollicitudines añade: "Si alguien niega la unidad de las naturalezas en Cristo realizada según la hipóstasis, pero dice que Dios el Verbo inhabita en un hombre existente por sí [...] sea anatema". *Ibid.*, 417. Cfr. ns. 424, 425, 426, 428, 485, 491, 528, 532, 534, 544, 549, 554, 555, 556, 564, siendo la última definición del año 684.

[12] Para la obra llevada a cabo por los Padres Capadocios. Cfr. Carmine Buda, "Evolución del concepto de persona". *Revista de Filosofía*, 15 (1956), pp. 243-259; y Enrique Gómez Arboleya, "Sobre la noción de persona". *Revista de Estudios Políticos*, 47 (septiembre-octubre, 1949), pp. 104-116.

su lado, la persona nunca puede ser pensada como sustancia,[13] de tal modo que los seres humanos se distinguen no sólo por su esencia, sino por la calidad del acto de ser que les actualiza. Dicho de otra forma, con lenguaje tomista, se trata de distinguir entre el acto de ser y la esencia humana.[14]

Tomás de Aquino descubrió que la esencia humana está compuesta por una dualidad activo-pasiva:[15] el alma es la parte activa, y la inteligencia y la voluntad las potencias; entonces, se puede admitir que el acto de ser, o la persona, es superior a la esencia humana -al alma y sus potencias–. La radicalidad de la persona corresponde al ser,[16] y la persona refiere a ese modo inmediato en que el ser dispone libremente de su esencia.[17]

De manera acertada, el aquinate sustituye la noción de substancia por la de subsistencia, para terminar describiendo la persona como subsistente espiritual.[18] Lo importante de todo esto es rescatar que, para descubrir lo radical en la dignidad de cada quien, hay que trascender el orden esencial. Según su doctrina, el supuesto y la persona difieren fundamentalmente porque tienen un *esse* diverso dado que la densidad ontológica del *esse* personal es superior al del supuesto. Las personas humanas también difieren en la esencia, sin embargo, lo radicalmente diferente es el *esse*.

---

13 Cfr. Max Scheler, *Ética. Nuevo ensayo...*

14 Cfr. Ángel Luis González, *Ser y participación. Estudio sobre la cuarta vía de Tomás de Aquino*, Pamplona, EUNSA, 1979, pp. 98. Así se afirma: "El acto intensivo de ser, perfección universal y última, que el entendimiento capta como inherente en los sujetos subsistentes que observamos en el universo, con su maravillosa variedad de géneros, especies, subespecies e individuos, les compete a cada uno de ellos en lo que propiamente son, es decir, en la respectiva manera de ser que la esencia proporciona; quiere decirse que el ser que poseen los sujetos subsistentes, lo poseen en diversos grados". p.106. Cfr. Cornelio Fabro, *Tomismo e pensiero moderno*, Roma, Pontificia Università Lateranense, 1969, pp. 144.

15 Cfr. Tomás De Aquino, *In I Sent.*, d. 33 q. 1 a. 1 ad 1; *Suma Teológica I*, Corpus Thomisticum, Pamplona, Universidad de Navarra, 2000, c. 12.

16 Cfr. Tomás De Aquino, *In Sent.*, I, d.6, q.2, a.1; d.7, q.1, a.1; d. 23, a.2; *S. Th.*, I, q. 29, a.1.

17 Cfr. Christian Schütz y Rupert Sarach, *El hombre como persona*, en Johannes Feiner y Magnus Lóhrer (dir.), *Mysterium Salutis*, Benziger Verlag, Einsiedeln, 1965; *Mysterium Salutis. Manual de Teología como Historia de la salvación* (trad. Guillermo Aparicio y Ángel Sáenz-Badillos), Madrid, Cristiandad, 1970, t. II, p. 720.

18 Cfr. Tomás De Aquino, *De Potentia*, 9, a.4, c.

En *De ente et esentia*, un texto de juventud, Aquino establece una *estructura tríadica* del hombre y se da cuenta de que la materia como principio de individuación no aplica globalmente en el caso del hombre. Más aún, apunta a su carácter personal, en tanto que eterno e individuado, más allá de la muerte del cuerpo:

> Y por ello, en tales substancias no se encuentra una multiplicidad de individuos en una especie, como se ha dicho, a no ser el alma humana, a causa de su unión con el cuerpo. Y no hay inconveniente que su individuación dependa ocasionalmente del cuerpo en cuanto a su incoación, porque no adquiere para sí el ser individuado sino en cuanto es acto de un cuerpo; sin embargo, no es forzoso que, suprimido el cuerpo, perezca la individuación, pues como tiene un ser absoluto desde que adquiere para sí el ser individuado a partir del hecho de ser forma de un cuerpo, aquel ser permanece siempre individuado. Y así dice Avicena que la individuación y multiplicación de las almas depende del cuerpo en cuanto a su principio, mas no en cuanto a su término.[19]

Posteriormente en *De Potentia*,[20] un texto de madurez, Aquino indicará que el hombre es criatura y su ser viene de Dios. Tal procedencia es del género de la relación y no de la pasión donde la relación nunca es equilibrada: es real en la criatura, mas no lo es en Dios. La relación de creación en el hombre posee, en su término, una cierta relación de *filiación* con Dios como agente y junto con una novedad de ser. La relación para Aquino, a diferencia de Agustín, no es un tercer miembro, sino queda en el miembro inferior, en la criatura y la constituye en el ser en modo filial.

Ahora bien, sigue siendo persona si el elemento personificador es el *esse* propio, el alma humana separada del cuerpo puesto que tiene su *esse*. Dicha distinción es relevante en una gran amplitud de aspectos; por ejemplo, para lograr una sólida argumentación también de

[19] Tomás de Aquino, *De ente,* Cap V.

[20] Cfr. Tomás de Aquino, *De Potentia*, 3.

la inmortalidad humana, más que desde el alma y sus operaciones, habría que hacerla desde su ser personal.[21] Sin embargo, Wojtyla advierte:

> La concepción de la persona que encontramos en santo Tomás es objetivista. Casi da la impresión de que en ella no hay lugar para el análisis de la conciencia y de la autoconciencia como síntomas verdaderamente específicos de la persona-sujeto. Para santo Tomás, la persona es obviamente un sujeto, un sujeto particularísimo de la existencia y de la acción, ya que posee subsistencia en la naturaleza racional y es capaz de conciencia y de autoconciencia. En cambio, parece que no hay lugar en su visión objetivista de la realidad para el análisis de la conciencia y de la autoconciencia, de las que sobre todo, se ocupan la filosofía y la psicología modernas. [...] Por consiguiente, en santo Tomás vemos muy bien la persona en su existencia y acción objetivas, pero es difícil vislumbrar allí las experiencias vividas de la persona.[22]

Por su parte, en el medievo los distintos escritores cristianos se hicieron cargo de esta distinción.[23] Existe también una obra atribuida a san Agustín que lleva por sugerente título *De spiritu et anima*.[24] A su vez, otros Padres de la Iglesia, por ejemplo, san Juan Damasceno,[25] siguieron exponiendo que las realidades a las que dichos términos se

---

21 Cfr. Tomás de Aquino, *S. Th.*, III, q. 16, a. 12 ad 2: "Substantia individua quae ponitur in definitione personae, importat substantiam completam, per se subsistentem separatim ad aliis. Alioquin manus hominis poset dici persona cum sit substantia quaedam individua: quia tamen est substantia individua sicut in alio existens, non potest dici persona". (La substancia individual, que se pone en la definición de persona, significa la substancia completa, subsistente por sí misma, separadamente de las otras. De no ser así. la mano del hombre podría decirse persona, puesto que es una substancia individual, sin embargo, porque es una substancia individual existente en otro, no puede decirse persona).

22 Karol Wojtyla, *Mi visión del hombre*, Madrid, Palabra, 2003, pp. 311-312.

23 "En Cristo vemos dos estados (=naturalezas) sin confusión, pero unidos en una persona, Dios y Hombre, Jesús". Tertuliano, Adversus Praxeam, 27 (Patrología Latina [PL], 2, 215). "Aunque él (Cristo) tenía dos naturalezas, Dios y hombre, y el hombre es cuerpo y alma, no son sin embargo dos Hijos o dos dioses [...] En fin, en el salvador hay dos realidades diversas, pero no hay dos individuos". San Gregorio Nacianceno, Epis. ad Cledonium, I, 3 (Patrología Griega [PG], 36 285). "El mismo que es Dios, es hombre; y el mismo que es hombre, es Dios; no por confusión de las naturalezas sino por la unidad de la persona". San Agustín, Sermón 186, 1, 1 (PL 38, 999).

24 Cfr. San Agustín, *De spiritu et anima*, Migne, PL, vol. 40.

25 Cfr. Juan Damasceno, *De fide orthodoxa*, II, 12 (PG, Migne [MG], 44, 924, B).

refieren son distintas, y no sólo en Dios o en Cristo, sino también en el hombre. Desde luego que la filosofía se puede poner al margen de la revelación sobrenatural y de las directrices del Magisterio de la Iglesia sobre ella; sin embargo, el verdadero filósofo debe estar abierto a la verdad sin restricción, pendiente de toda fuente de transparencia, y puede afirmarse, sin duda, que la novedad cristiana no deja de arrojar luz y desobturar el camino.

La exploración antropológica cristiana incide en lo radical o íntimo, en lo novedoso e irrepetible, en cada quien, persona o espíritu, es decir, en el carácter trascendental. En cuanto al mundo moderno, las aportaciones filosóficas de Scheler,[26] Hartmann,[27] Nédoncelle[28] y Polo[29] han tenido suficientemente en cuenta la distinción real entre persona, esencia y naturaleza dentro de la antropología. Alusiones sobre dicha distinción real en el hombre se encuentran también en

26 En concreto, en los escritos de su periodo católico, no los de antes ni los de después. Cfr. Juan Fernando Sellés, *Intuición y perplejidad en la antropología de Scheler*, Pamplona, Servicio de Publicaciones de la Universidad de Navarra, 2009. Frankl escribe al respecto: "l´anthropologie de Scheler utilise l´image des couches (schichten), plutôt que celles de strates (atufen), distinguant ainsi plus ou moins les couches périphériques biologiques et psychologiques de la couchée centrale et personnelle, l´axe spirituel". *Raison de vivre (RV)*, 23. Cfr. *Logoterapia y análisis existencial (LAE)*, 34.

27 Cfr. Nicolai Hartmann, *Il problema dell´essere spirituale*, Firenze, La Nuova Italia, 1971. Frankl conoce esa distinción del pensador alemán: "Hartmann a distingué différentes strates, celle du corps et du mental, avec en plus un point culminant spirituel. Là encore le spirituel n´implique aucune connotation religieuse mais plutôt un sens noologique. Hartmann voit la stratification de l´existence humaine comme une structure hiérarchique". *RV*, 23. Y en otro lugar: "La relación de los diferentes ámbitos del ser entre sí se ha interpretado o en el sentido de una construcción de grados o en el sentido de una estructura de estratos. La primera concepción la representa N. Hartmann (que sin embargo emplea la expresión de 'estratos'); la segunda la representa M. Scheler quien introdujo en la construcción del ser el principio de individuación en cuanto que, según él, lo espiritual en el hombre es individuado, situándose en torno a un centro espiritual de acción, es decir, la persona del hombre como su estrato central". *Logoterapia y existencialismo*, México, FCE, 1991, p. 69.

28 Cfr. Juan Fernando Sellés, *La antropología trascendental de Maurice Nédoncelle*, Madrid, Ápeiron, 2015.

29 Cfr. Leonardo Polo, *Antropología trascendental I-II*, Pamplona, EUNSA, 1999-2003.

pensadores como Klarke,[30] Von Hildebrand,[31] E. Stein,[32] Marcel,[33] Buber[34] y más tardíamente en Julián Marías[35] o Spaemann.[36] Si bien se trata de intuiciones profundas y con gran alcance en la disposición de desobturar el problema de la libertad y de adentrarse en el tema de la intimidad, en algunos, hay poca solidez filosófica puesto que acaban explicando el acto de ser en función de la esencia y la naturaleza *corpórea* humana.

La gran novedad cristiana aporta una gran luz para comprender que en el hombre existe una distinción real jerárquica entre persona, naturaleza y esencia. Si un acto no es nunca un objeto, menos lo será la persona que vive en la realización de su acto de ser, en la que viviendo, se vive al mismo tiempo a sí mismo.[37] La aproximación a la persona humana propia de la antropología debe ser la distinción en dualidades; incluso, el hecho de *encarnar* en varón o mujer puede ser la manifestación más obvia de que la aproximación a la persona es en dualidad.

Que el hombre sea dual significa que es apertura, es decir, no es idéntico, simple y tampoco tiene partes: "A diferencia del dualismo, la dualidad no tiene prisa por resolver la complejidad".[38] De esa forma, puede afirmarse que la persona conoce el universo distinguiendo analíticamente al modo moderno; mientras que a otros seres vivos

---

30 Cfr. Ludwig Klages, *Der Geist als Widersache der Seele (El espíritu como adversario del alma)*, Leipzig, Johann Ambrosius Barth, 1932.

31 Cfr. Dietrich von Hildebrand, *El corazón. Un análisis de la afectividad humana y divina*, Madrid, Palabra, 1997, p. 15; *Las formas espirituales de la afectividad*, Madrid, Universidad Complutense, 1996, pp. 20-21.

32 Cfr. Edith Stein, *Ser finito y ser eterno*, México, FCE, 1994, pp. 383, 475; *¿Qué es filosofía?* II. Los problemas de la subjetividad, Burgos, Monte Carmelo, 2005, pp. 788-822.

33 Cfr. Gabriel Marcel, *Ser y tener*, Madrid, Caparrós Editores, 1996, pp. 109, 149; *Filosofía concreta*, Madrid, Revista de Occidente, 1959, p. 132.

34 Cfr. Martin Buber, *Yo y tú*, Madrid, Caparrós Editores, 1993, p. 62; *¿Qué es el hombre?*, México, FCE, 1990.

35 Cfr. Julián Marías, *Antropología metafísica*, Madrid, Revista de Occidente, 1973, p. 40 y ss.

36 Cfr. Robert Spaemann, *Personas*, Pamplona, EUNSA, 2000, p.182.

37 Cfr. Max Scheler, *Ética. Nuevo ensayo…*

38 Alfredo Rodríguez-Sedano, "Co-existencia e intersubjetividad". *Studia Poliana*, 3 (2001), pp. 9-33.

lo hace distinguiendo sistémicamente al modo metafísico y, aunado a ello, distinguiendo también dualidades:[39] "Por eso, se debe investigar la vinculación de la pluralidad de dualidades [...] incluso en el orden del ser; por eso se habla de coexistencia trascendental".[40]

Leonardo Polo, filósofo español, propone dualidades trascendentales del ser personal,[41] cuyo distintivo radical es la libertad y el amar. La libertad da lugar a un incremento novedoso que no desfuturiza el futuro sino que lo traspasa. Con la novedad personal, la persona dispone de su naturaleza en su esencia, en su yo. Así es como la disposición de la dualidad humana, en tanto su naturaleza y persona, es ascendente y jerárquica, y esto es un indicio del carácter de "además" de la persona humana.[42]

La persona dispone de su naturaleza desde su esencia manifestativamente abierta a la familia, la educación, la sociedad, la ética y a todas esas aperturas que son posibles gracias a que dispone de su naturaleza *corpórea*. Esto implica que la vida natural humana es temporal, pero dado que la persona dispone de su naturaleza mediante su esencia, también es histórica. El ser humano no es exclusivamente biológico, sino más propiamente biográfico; no obstante, al ser personal tampoco se reduce a su biografía.

En cuanto *corpóreo*, el hombre es un ser temporal en crecimiento organizado por su naturaleza, no en un modo teleológico, pero sí abierto a la dirección que le quiera imprimir la libertad personal de cada quien.[43] Por ese motivo, cada uno no sólo manifiesta una etapa natural de crecimiento, sino que significa la disposición que la persona ha hecho de ella. Por ello, las revelaciones *corporales* de las personas amadas nos convocan a asombrarnos y enorgullecernos de quien las lleva a cabo. Por ejemplo, cuando alguien canta, baila o hace arte, convoca el asomo a la intimidad de quien, en disposición de su cuerpo, manifiesta

39 Cfr. Sobre las limitaciones del método analítico: Leonardo Polo, *Quién es el hombre...*, pp. 42-62.

40 Leonardo Polo, *Epistemología, creación y divinidad...*, p. 159.

41 Leonardo Polo, *Quién es el hombre. Un espíritu en el tiempo*, 3a. ed., Madrid, Rialp, 1993, pp. 28-30.

42 Cfr. Leonardo Polo, *Antropología trascendental I...*, pp. 161-166.

43 Cfr. Juan Fernando Sellés, *Antropología para inconformes...*, p. 28.

novedad. Respecto a este punto, hace una profunda reflexión Juan Pablo II:[44] "el hombre alcanza la espontaneidad más madura y profunda, con la que su 'corazón' [...] redescubre la belleza espiritual del signo constituido por el cuerpo".[45]

El ser personal además de manifestarse da noticia del crecer que es y, aunado a ello, su crecimiento es convocante por la belleza de un cuerpo íntimamente personalizado: transparencia hacia la identidad de quien lo *encarna*. Éste es el misterio que encaramos cuando nos miramos a los ojos con otra persona y no sentimos que conozcamos sus virtudes o su biografía, más bien nos sentimos convencidos de conocerla a ella. Es así que la corporalidad, más que problema, es ese misterio que nos involucra, como bien distingue Marcel:

> El problema es algo que se encuentra, que obstaculiza el camino. Se halla enteramente ante mí. Al contrario, el misterio es algo en lo que me encuentro comprometido, cuya esencia consiste, por consiguiente, en no estar enteramente ante mí. Es como si en esta zona la distinción entre lo en mí y lo ante mí perdiera su significación.[46]

El cuerpo verdaderamente personal no se reduce a un sentido teleológico y tampoco responde directamente a la biografía de la persona. Efectivamente, como se sabe, se encuentra organizado de tal modo que detecta los bienes adecuados a su organismo por medio de la reacción orgánica conocida como placer. Es así como una persona puede salvarse de la muerte al interpretar correctamente un dolor en el páncreas. Asimismo, va desarrollando en su psique reacciones con valor basado en las interpretaciones de los objetos, situaciones y acciones; así

---

44 Ahora bien, es importante recalcar que el hombre experimenta una significativa aspiración a este estado en el que su *cuerpo* es personalizado por su persona, por su intimidad, de tal modo que es la persona quien gobierna al *cuerpo* y sus impulsos biológicos o psicológicos. Su Teología del *cuerpo* manifiesta hondamente que dicha propuesta no es del orden de la ética sino que corresponde a la coexistencia con el Creador y al anhelo de corresponderle. Esta propuesta sugiere que el hombre encuentra en sí mismo el eco del sentido "originario del '*ethos*' de la creación". Juan Pablo II, *La redención del corazón. Catequesis sobre la pureza cristiana* (pról. José Luis Illanes), Madrid, Palabra, 2002, p. 173.

45 *Ibid.*, p. 168.

46 Gabriel Marcel, *Ser y tener...*, p. 101.

por ejemplo, el miedo puede entenderse como la reacción con valencia generada por la interpretación de una posible pérdida. Sentir miedo es padecer la reacción psicológica causada por interpretar un posible daño futuro. De esa manera, el miedo ayuda a detectar si su elección o la situación en la que se encuentra es ocasión de posible pérdida, y esto ayuda, en buena medida, a cuidarse para evitarla.

Tanto el placer como los afectos son vividos en el cuerpo que se va organizando, de forma considerable, con base en esas afecciones. Pues bien, el espíritu también posee sus propias noticias y cuando el ser personal dispone de su naturaleza hacia el crecimiento hay referencia de ello. Así, cuando la persona ama, sobresale la alegría por coexistir; cuando abre alternativas libres, se invade de esperanza; cuando atraviesa verdad en su conocer, crece también su confianza. Por ello, es de notar que la persona dispone de su cuerpo para vivir en un conociendo, creando y amando hiperteleológico[47] que no se reduce a su vida subjetiva o su biografía.

La relación de la persona con el cosmos y con las demás personas también alcanza una expansión de sentido cuando se comprende que el cuerpo no se reduce a la naturaleza o a la subjetividad. A la luz de la novedad personal, desde el descubrimiento cristiano, las manos humanas no son únicamente productivas, sino que son abiertas a una donación personal. El cuerpo no es únicamente comunicativo sino abierto al encuentro. Desde la ampliación cristiana del significado del cuerpo, además de apropiarse de las cosas, las personaliza, imprime su novedad en ellas, y gracias a ello, al dar se puede dar. Por todo lo anterior, el bien común no alcanza como sentido para la vida compartida entre personas, pues el sentido es mucho más profundo y alcanza la comunión personal.[48] La disposición personal del cuerpo no tiene un para qué objetivo, como el bien común, sino que un para quién.

---

[47] Cfr. Alberto Vargas, *Ser y don…*, pp. 187-196.

[48] El hombre escatológico consiste en la participación del hombre en la "comunión de personas" desde el Hijo en el que se da la revelación fundamental de su ser. El significado del *cuerpo* no es posible sino en toda la verdad de la creación y de la "redención del *cuerpo*". En la continuidad de la creación "hombre original", la ruptura del "hombre histórico" y su redención "hombre escatológico". Cfr. Juan Pablo II, *La redención del corazón…*

En el caso contrario, cuando la persona no dispone de su cuerpo en un abandono libre de su vida natural, la despersonalización física trae consigo afectos en el espíritu que no dependen únicamente de la interpretación psicológica: tristeza, desesperación, desconfianza y desamor. Dicha despersonalización no significa que el ser humano se animalice, sino que el escenario es mucho peor y más parecido a lo que, por ejemplo, se ve en alguien sumergido en una adicción.

Cuando no dispone libremente de su cuerpo, parece un cadáver con vida natural, intuición acertada de la literatura y el cine en la creación de personajes de cuerpos humanos vivificados impersonalmente. Esto supone que, si bien la crisis actual se comprende a raíz del pensamiento moderno, es profundamente personal, por lo que necesita respuestas más íntimas que la metafísica no alcanza. Así pues, se habrá de profundizar sobre el cuerpo en su carácter personal.

2. Cuerpo como irrupción novedosa en el tiempo

¡Cada vez que un óvulo es fecundado por un espermatozoide, de un modo absolutamente imprevisible, una persona irrumpe en la historia como la novedad más estricta! Aunque evidentemente implica la disposición de la naturaleza y la manera en que organiza la fertilidad humana, más a fondo, se trata de la creación de una persona nueva y, por tanto, históricamente discontinua. Esto se ve muy claro cuando llega una nueva persona a una familia, porque muy comúnmente, se vive un nuevo comienzo no solamente de esa vida, sino de la historia de la familia completa. ¡Basta con detenerse en la experiencia de ver por primera vez el difuso contorno del cuerpo de un embrión en un ultrasonido para que los padres se abran a la espera gozosa, dada la manifestación de una novedad sin antecedente!

La novedad personal no sorprende únicamente por la forma natural de organizarse de modo distinto en cualidades o accidentes en cada individuo: ¿De qué color serán sus ojos? ¿De qué estatura será? En la medida en que la libertad se entiende como un trascendental personal, irrumpe desde la creación de la persona en un empezar de un modo irreductible a la necesidad. Esto niega tanto una libertad fundada como una fundante, porque ambas conducen a la aporía de la necesidad y la libertad como tal no comparece. Cada vez que comienza a existir un nuevo cuerpo humano, se manifiesta una libertad que no depende de condiciones previas, pues si fuera de esa forma, no sería libertad.

En ese sentido, la libertad humana es la dimensión extraordinariamente diferencial en la vida y en el cosmos. Es la razón por la que el ser humano no se agota en el vivir, sino que además es viviente; por esa razón, el significado de la persona humana no cabe en la sustancia. La metafísica, como filosofía primera, hace de la dualidad acto-potencia el radical para comprender la realidad. A causa de esto, por ejemplo, el animal es sustancia potencia de causa que se agota en vivir;[49] así como todos los individuos de cada esencia responden a la necesidad, al acto y la potencia.

Todo cuerpo natural es considerado materia potencial necesaria que responde a una causa y, definitivamente, este radical es clave para comprender la vida de los individuos no humanos. En ello acierta el pensamiento clásico al explicar la generación y corrupción de la vida por medio del cuerpo. No obstante, para una vida libre, cuando se trata del cuerpo de un ser libre, se necesita del acto Personal Divino como criterio para comprender su significado. Partiendo de ese punto, se puede pensar en el significado de cada quien como una irrupción novedosa en el tiempo que manifiesta un nuevo comienzo libre.

Considerando lo anterior, el cuerpo no puede entenderse desde la biología molecular, la embriogénesis o la estadística genética; más bien, debe significarse primordialmente desde la perspectiva de la libertad, puro comienzo que depende sólo del Creador por quien ha sido convocado al juego de la existencia. La generación del cuerpo de la nueva persona humana procede de los padres en tanto las células reproductoras; en cambio la persona del hijo es creada por Dios, por lo cual, el carácter personal no procede de sus padres.[50]

---

49 Cfr. Leonardo Polo, *Curso de teoría…*, t. IV/2, pp. 295-297.

50 Leonardo Polo, *Quién es el hombre. Un espíritu en el tiempo*, 3a. ed., Madrid, Rialp, 1993, pp. 28-30.

Siguiendo la idea, las células vivas aportadas por los padres son una donación que el hijo acepta, pero la aceptación de su persona es frente a su Creador. Desde la naturaleza, se entendería que se forma un producto de la organización vital en torno a la fertilidad y consecuencia de ella; sin embargo, antropológicamente significa mucho más que ello. La vida del viviente, además de añadida a la que procede de los padres, es convocada por la divinidad: Dios ha creado un comienzo a imagen y semejanza.

Gracias al cuerpo y por medio de éste, tenemos un tiempo que es la historia, pues da cuenta del comienzo de una vida personal humana en un tiempo histórico puntual; sin embargo, gracias a la libertad, es un tiempo con comienzos discontinuos y la historia vuelve a comenzar en la persona, la historia es el discontinuo de comienzos libres. No se trata de una historia natural ni tampoco de un devenir hacia el progreso, sino que la novedad a la que se abre es a la vida de cada persona.

El significado del cuerpo y su vida no se reducen al sistema metafísico o de la causalidad, tampoco se agota en un determinismo histórico o a interpretaciones psicológicas aisladas en instantes; por el contrario, es eterno y equivale a la manifestación del viviente que no se limita a seguir viviendo, sino que aspira infinitamente a vivir más. La vida *corporal* humana no puede entenderse sin ahondar en el quién viviente, convocado en libertad en sincronía con millones de libertades personales en juego.

Entonces, la primera consecuencia relevante, al distinguir la dualidad naturaleza-persona, es que el cuerpo da cuenta del comienzo de una persona en el tiempo. Pero eso no quiere decir que se le pueda reducir al orden metafísico, ni mucho menos a la interpretación psicológica que la persona va haciendo de la vida y de la historia. El cuerpo de cada quien, como la persona que lo *encarna*, no se explica en las coordenadas de la necesidad, de la causa y el efecto, del acto y la potencia; más bien, en los ejes antropológicos de la libertad y su novedad. Por este motivo, la actitud propia frente al cuerpo de cada quien, antes que cualquier otra, es el asombro.

Ahora bien, si se ha dicho que el orden teleológico no comparece con la libertad acerca del origen de la persona, tampoco lo hace respecto a su sentido. El sentido de la persona en el tiempo es abierto a la vida personal y no se encuentra obturado por fines. En ese sentido, el cuerpo está abierto a que la persona persiga fines y a la destinación libre; está abierto tanto a la racionalidad como a la persona.

3. Cuerpo como apertura con destinatario

¡Todos sabemos que vamos a morir! El cuerpo comúnmente es comprendido como el signo de la muerte, pues dada su temporalidad, pone al hombre en sentencia desde el día de su comienzo. Para la naturaleza la muerte es corrupción, carencia, ausencia o pérdida; es terrible y quienes están más pendientes de ella que de su persona la temen. La muerte es el límite final para la naturaleza humana.

Sin embargo, la persona humana dispone de un alma, un cuerpo y una unión de dichas dimensiones, pero no se reduce a ello. Las funciones humanas se manifiestan necesariamente en un contorno al que pertenecen, pero con la persona y el acto no va supuesto ningún cuerpo o contorno.[51]

La persona puede dejar de tener o disponer del cuerpo y la muerte puede comprenderse como la transformación a más vida personal; de esa manera, el destinarse del hombre es la vida y la muerte, y ésta, a su vez, puede verse tan sólo como un umbral a través del cual el destinarse personal no acaba de ser.[52] De igual manera, si el hombre no es estrictamente cosmológico, sino antropológico, cabe pensar que existe una dimensión *corpórea* más allá del cosmos y que la muerte consiste en su transfiguración. La revelación cristiana da pie a esa idea y la esperanza en la redención abre la corporalidad a la trascendencia.[53] San Pablo lo expresa así en la primera carta a los Corintios:

> ¡Mirad! Os revelo un misterio: No moriremos todos, mas todos seremos transformados. En un instante, en un pestañear de ojos, al toque de la trompeta final, pues sonará la trompeta, los muertos resu-

[51] Cfr. Max Scheler, *Ética. Nuevo ensayo…*

[52] Cfr. Leonarado Polo, *Antropología trascendental I*, pp. 222, 236-237.

[53] Cfr. Juan Pablo II, *Matrimonio, amor y fecundidad. Catequesis sobre la redención del cuerpo y la sacra-mentalidad del matrimonio*, Madrid, Palabra, 1998.

> citarán incorruptibles y nosotros seremos transformados. En efecto, es necesario que este ser corruptible se revista de incorruptibilidad; y que este ser mortal se revista de inmortalidad. Y cuando este ser corruptible se revista de incorruptibilidad y este ser mortal se revista de inmortalidad, entonces se cumplirá la palabra que está escrita: La muerte ha sido devorada en la victoria. ¿Dónde está, oh muerte, tu victoria? ¿Dónde está, oh muerte, tu aguijón? El aguijón de la muerte es el pecado; y la fuerza del pecado, la ley. Pero ¡gracias sean dadas a Dios, que nos da la victoria por nuestro Señor Jesucristo! Así pues, hermanos míos amados, manteneos firmes, inconmovibles, progresando siempre en la obra del Señor, conscientes de que vuestro trabajo no es vano en el Señor.[54]

Considerando lo anterior, cada persona es una novedad abierta que dispone de lo común de la naturaleza humana, y es por eso que el acercamiento a ésta no ayuda desde el orden de las definiciones. Bien distingue Nedoncelle que la persona no puede conocerse si no es elevando su pensamiento y su ser a un principio superior de conocer y de ser que sea él mismo personal.[55] Un conocer solidario a la propia persona, por no reducirse a la unidad u objetivación de la inteligencia,[56] no puede alcanzarse por sí mismo; sólo Dios puede revelar el sentido personal a cada quien.

Esto significa que la intimidad de la persona encuentra su destinatario más estrechamente que a cualquier dimensión de la realidad o para cualquier persona humana: esto es, para Dios. El sentido último de la libertad no se reduce a un para qué, ni siquiera a un para quién. En la

---

54 1 Corintios 15:51.

55 Cfr. Maurice Nédoncelle, *Personne humaine et nature. Étude logique et métaphysique*, París, Eubier, 1963.

56 Si el ser es único, el crecimiento es imposible. Como ya se ha señalado, Aristóteles es el primero que detecta lo problemático del monopolio de lo uno y, tanto su ampliación metafísica como la de Tomás de Aquino representan una insistencia en rechazar el prestigio de lo único. Esta ampliación es superada por Polo con su propuesta de una antropología trascendental –una antropología de la co-existencia–, que rectifica la noción de sujeto y controla el monismo desde la dualidad: la noción de persona como además. La persona es crecer trascendental porque no es un acto solitario sino co-acto. Y ¿qué es la unicidad? El límite mental. Por eso, el prestigio de lo único es lo que la antropología trascendental debe eliminar al decir que, el ser no significa sólo *monon* sino *además*: riqueza, crecimiento, ganancia. Cfr. Leonardo Polo, *Presente y futuro del hombre*, pp. 159-160 y 177.

intimidad personal se encuentra la imagen de cada persona creada con un Dios pluripersonal. En dicha apertura, descansa la disposición para adentrarse en la noción y sentido de quién es. Resignarse en la apertura a Dios implica cerrarse a la búsqueda del propio sentido personal, y con ello, el significado último de la propia corporalidad. La hondura del cristianismo radica en que Dios es origen y sentido del hombre: "Todo coexistir es un coexistir de dos intimidades".[57] Por tanto, en la coexistencia con las personas divinas descansa el sentido más hondo del cuerpo: se encuentra en apertura a la libertad personal y la aceptación con su amar personal en Dios.

Esto significa que el movimiento *corporal* de gran interés para los clásicos posee un primer sentido que lo distingue de la potencia. Posteriormente, a partir del problema de la creación divina, Tomás de Aquino amplía el sentido de esta noción distinguiéndola de la esencia en tanto que acto de ser. Pero el movimiento *corporal*, gracias a la libertad humana, continúa su ampliación hasta el ser personal humano como "además".

La actividad del hombre no se limita a persistir, sino al coexistir que es una ampliación del existir y exige una ampliación de la propia actividad humana más allá del movimiento. Este carácter además es una novedad con respecto a la noción de acto, una ampliación trascendental de su sentido, y lleva a la corporalidad a un significado íntimo, a uno con sello personal. Por ello, antes que hombres y mujeres, niños y adultos, orientales y occidentales o cualquier otra distinción, incluso antes que cualquier tipología en el sentido aristotélico, cada cuerpo manifiesta un quién novedoso, inesperado y asombroso, muestra que Dios ha convocado a alguien a la existencia.

La normalidad, como sentido de la vida de la persona humana, no es objetivable; mientras que la normalidad del cuerpo humano referido a la naturaleza sí lo es. Pero el cuerpo de la persona humana no se reduce a la naturaleza, ni a la esencia y ni siquiera al solo espíritu, sino es apertura creciente en amor. Pretender disminuir el valor personal de alguien con base en estadísticas y objetivaciones biológicas es

---

[57] José Ortega y Gasset, *El hombre...*, p. 98.

absurdo, pues la concreción de la idea de "persona" concluye en una despersonalización.[58]

Distinguir la normalidad natural en el cuerpo es de mucha utilidad sobre todo para las ciencias médicas, pero de ello no pueden tomarse datos para fundar la dignidad de cada quien. Cuando se trata del cuerpo de la persona humana, siendo el abandono del límite hacia adentro, se descubre un sentido más acá de la realidad. El hombre no es finito aun cuando es temporal, tampoco infinito, sólo lo es Dios. Lo propio de la persona humana desde su cuerpo es unirse al cosmos haciéndolo hogar, unirse a los demás hombres organizándose en comunión personal y en lo más íntimo de su movimiento, unirse con Dios. Esto implica que, en lo más hondo del significado del cuerpo, no es ideal de unidad del conocimiento ni del ser, sino que siempre está por alcanzarse, es una tarea que cada quien debe emprender esperanzadamente.

A la luz de esta tradición, y en consecuencia, con una aproximación trascendental a la persona; el sentido del cuerpo se significa muy bien con la noción de *munus*.[59] Cada quien es convocado a la vida en un sentido único que, además, le faculta para cumplir el proyecto vital que se le va encomendando y que nadie más puede realizar. El proyecto vital da sentido a toda la vida explicándola y da luz para comprender el significado de encarnación personal. *Munus* es el don recibido y la misión, la respuesta libre y generosa que da sentido a la vida personal en cuyo cumplimiento se juega la propia realización del hombre. Por lo tanto, el sentido del cuerpo es donal. Los dones aceptados amplían la libertad para cumplir a la llamada de Dios a la vida, que es fundante en la intimidad y coexistencia personales.

La coexistencia con Dios genera también vínculos que, al realizarse de acuerdo con la vocación querida por Dios, el cuerpo alcanza la vida sacramental. En virtud de su *munus*, aun cuando irrumpe novedosamente en el tiempo, y en ese sentido la historia, la persona es un continuo de comienzos discontinuos. A la vez, el hombre va siendo convocado a aquella parte del plan de Dios que enlaza la historia

---

58 Max Scheler, *Ética. Nuevo ensayo…*

59 Cfr. Antonio Moreno y Germán Scalzo, *Entre don y contrato, Una historia de la comprensión del matrimonio,* Pamplona, EUNSA, 2019.

personal con la universal. Así, el sentido temporal de la vida humana es libre y vinculante, abierto y aceptante, y no por ello desligado de la historia del mundo y de los hombres.

El cuerpo no está finalizado por su propia naturaleza y por ello no se entiende únicamente desde la necesidad, pero tampoco se encuentra en total disposición de la subjetividad. Resulta necesario superar los límites mentales objetivantes para alcanzar lo trascendental de la persona humana, de modo que alumbre el sentido de la vida *corporal* como una fuente inagotable de la que cada quien se encuentra en disposición para la vida a la que ha sido convocado. Ahora bien, la noción de persona es cristiana y su distinción puede rastrearse hasta la patrística griega, y uno de sus autores más importantes es Gregorio de Nisa.

Más tarde, la indagación acerca de la persona logra una madurez con Tomás de Aquino y es posible desarrollarla teniendo en cuenta la distinción de ser y esencia. Finalmente, Leonardo Polo propone dualidades trascendentales del ser personal,[60] cuyo distintivo radical es la libertad y el amar. Entonces, la primera consecuencia relevante, al distinguir la dualidad naturaleza-persona, es que el cuerpo da cuenta del comienzo de una persona en el tiempo. Pero eso no quiere decir que se le pueda reducir al orden metafísico, ni mucho menos a la interpretación psicológica que la persona va haciendo de la vida y de la historia.

El cuerpo de cada quien, como la persona que lo *encarna*, no se explica en las coordenadas de la necesidad, la causa y el efecto, el acto y la potencia; sino que, en los ejes antropológicos de la libertad, de la novedad. El sentido de la persona en el tiempo tampoco se encuentra obturado por fines, más bien, es abierto a la vida personal; por consiguiente, el cuerpo además de encontrarse abierto a que la persona persiga fines, está en disposición de la destinación libre.

Lo propio de la persona humana desde su cuerpo es unirse al cosmos haciéndolo hogar, a los demás hombres organizándose en comunión personal, junto con los demás hombres con Dios y, en lo más íntimo de su movimiento, unirse con Dios. Esto significa que, en lo más

60 Leonardo Polo, *Sobre la existencia cristiana*, Pamplona, EUNSA, 1996, pp. 146-148.

hondo del significado del cuerpo, no es ideal de unidad del conocimiento ni del ser, sino que siempre está por alcanzarse. Es una tarea que cada quien debe emprender esperanzadamente.

A la luz de estas novedosas coordenadas antropológicas, la vida humana puede leerse en tres dimensiones. En primer lugar, cabe decir antes que cualquier cosa, ser persona, varón o mujer es un don que es preciso aceptar, es una convocatoria a la existencia por parte de alguien con un sentido íntimo, libre y amoroso. Partiendo de ese fundamento, puede estudiarse la corporalidad desde que se nace, o más propiamente, se es concebido varón o mujer.

A partir de la concepción, la vida humana tiene un legado de tres dimensiones: la primera es innata, la vida biológica o recibida de los padres; la segunda se trata del proceso de apropiación de la persona de su vida natural y el modo en que la va añadiendo; es la vida en disposición de la esencia de la persona; finalmente, está lo más profundo de la identidad personal, el quién que dispone de los otros dos niveles. Pues bien, ese quién personal y sus dimensiones, alumbran la corporalidad y le amplían el sentido, no sólo respecto a la dualidad varón y mujer,[61] desdeñada en la actualidad, sino en toda su distinción personal.

B. El cuerpo en apertura personal

¡Mi cuerpo es y no es el mismo que el de ayer! ¿A qué se debe esta paradoja?, al crecimiento. El devenir de la vida humana que tanto preocupó a los griegos, puede fundarse en la noción de crecimiento. Sin embargo, el crecimiento del cuerpo no es objetivable porque lo novedoso de cada quien llena de matices el transcurso de la vida orgánica y de las manifestaciones humanas de esas potencias. Por eso, el crecimiento *corporal* posee una apertura personal en la que, tras la organización natural,

[61] Para profundizar en la distinción de la dualidad sexual con la amplitud antropológica que necesita el problema, Cfr. Blanca Castilla, *Mujer ¿quién eres? Antropología de la coidentidad esponsal*, Piura, Universidad de Piura, 2020.

cada uno se va configurando. A diferencia de los cuerpos de los animales que se subordinan a lo propio de su especie, el ser humano no se subordina a la humanidad, sino que le imprime su personalidad y más aún: su carácter personal. Esto se ve claramente en los tratamientos médicos donde se toma en cuenta el historial de cada persona o en las propuestas pedagógicas sobre desarrollo en las que siempre se advierte que es imposible aplicar los mismos protocolos a todas las personas, aun cuando se encuentren exactamente en la misma etapa, pues éstas van disponiendo de su naturaleza libremente.

A la luz del crecimiento personal, el cuerpo admite tres grandes dimensiones: la primera es innata, la vida biológica o recibida de los padres; la segunda, se trata del proceso de apropiación de la persona de su vida natural y el modo en que la va añadiendo; es la vida en disposición de la esencia de la persona; por último, lo más profundo de la identidad personal, el quién que dispone de los otros dos niveles. Respecto a su naturaleza recibida, el cuerpo de la persona se organiza en células y órganos codificados genéticamente; se va desenvolviendo y reorganizando naturalmente, humanamente; asimismo, sigue las coordenadas delimitadas por la vida humana y las especificaciones biológicas de ese cuerpo.

Sin embargo, las potencias de ese cuerpo no son específicas como las de los animales. Las facultades humanas, al ser de naturaleza racional, no poseen objetos específicos, sino que se actualizan de modo racional. El ser humano va añadiendo vida por medio de la inteligencia y la voluntad, y cada cuerpo manifiesta lo que cada quien se ha añadido.

La nutrición, la percepción, la motricidad y los impulsos del cuerpo no son innatos, y más bien corresponden al modo en que se racionaliza el cuerpo. Por ejemplo, la tendencia por el chocolate, el cigarro o el rechazo a las guayabas se conforman por medio de experiencias que implican racionalidad, si no fuera así, todos los seres humanos tenderían hacia los mismos objetos y rechazarían los mismos. Por otro lado, desde muy temprana edad, la percepción de cada persona se ve influida por la experiencia que la misma tiene del objeto percibido; es decir, en el ser humano percibir es interpretar. El cuerpo es abierto a la persona y la disposición que va haciendo de éste, aun cuando esto no niega la organización natural.

El ámbito en el que se concentra la disposición del cuerpo por parte de la persona es en la esencia humana que es a lo que nos referimos con el término *yo*. El yo va activando progresivamente a la inteligencia y a la voluntad que regulan la naturaleza orgánica humana. El yo no dispone del cuerpo inmediatamente, sino que se trata de una disposición en fases de conocimiento o racionalidad sintetizadas comúnmente en niñez, adolescencia, juventud, ancianidad. Asimismo, el yo es el modo en que objetivamos nuestras ganancias y pérdidas en los diferentes periodos de la vida.

El sentido de la corporalidad en el plano de la vida recibida es de vivir más, de aumentar la vida por medio del desarrollo de las células, órganos, sistemas y estructuras, y se manifiesta en la nutrición, percepción, sentidos externos e internos, memoria y motricidad desde las más tempranas etapas. En cuanto al yo, el sentido del cuerpo se encuentra abierto al objeto que corresponde más a la voluntad: el bien. De esa forma, el cuerpo está destinado a hacer el bien gracias a la voluntad de la que dispone la esencia; del mismo modo, también se encamina para la comprensión de la verdad gracias a la disposición esencial de la inteligencia.[62] Por ello, puede decirse que mientras el crecimiento en la vida natural se va manifestando en el cuerpo sano y en desarrollo, el crecimiento en la vida añadida por cada quien mediante su yo, puede verse expreso en los hábitos buenos llamados virtudes, incluyendo aquellos intelectuales.

El sentido de la vida personal es una convocatoria que le es ofrecida a cada quien como proyecto novedoso en coexistencia con el Creador, con las demás personas humanas y con el mundo. Sin embargo, la vía no es abstracta sino que se encuentra inmersa en la vida histórica, pues al *encarnar*, la persona comienza a existir. El sentido último del cuerpo de cada quien parte con la aceptación, es un acto enteramente libre a la vocación divina. Así, la persona va perfeccionando su vida recibida en el cuerpo y la vida añadida mediante sus funciones superiores, en la medida que viva sanamente y vaya siendo más virtuoso. No

---

[62] Cfr. Juan Fernando Sellés, *Antropología para inconformes*, Madrid, Rialp, 2006, p. 34.

obstante, la elevación de la persona misma solamente la otorga su Padre, en tanto que la persona acepta libremente dicho don; si la vida de la persona humana no fuese elevable, carecería de sentido último, y con la muerte, de sentido en general.

Es la tragedia en la que se cae cuando se supone una libertad abierta a la nada. Si la persona no fuese aumentable en vida por Dios, tendría pequeños sentidos momentáneos como los propios de la vida natural recibida, instantes de placer, o los propios de la vida añadida, pequeñas producciones útiles. Pero en unidad y, peor aún, de cara a la muerte, la vida humana no tendría sentido; conclusión lógica a la que llega gran parte del existencialismo moderno y la crisis contemporánea.

Pero el cuerpo efectivamente es un devenir en crecimiento que manifiesta la vida personal de cada quien. Los ataques a la persona, a su cuerpo, son realizados por alguien que aún no se comprende a sí mismo como persona, pues ésta implica apertura hacia los demás. Cerrarse al carácter personal que cada cuerpo humano manifiesta daña a la propia persona que actúa porque le genera pérdida del sentido personal de su vida. Al contrario, abrirse al sentido personal de cada cuerpo humano es crecer personalmente.

1. Cuerpo recibido de la fecundidad de los padres

¿Quién ha decidido que éstas sean mis manos, éstos mis ojos y me encuentre iluminado con estos colores? ¿Fue casualidad que fuera este código el que me ha configurado así? Al *encarnar*, cada persona humana recibe la transmisión genética de sus padres que aportan toda la carga orgánica necesaria para la configuración del cuerpo. Sin embargo, aún está por pensarse, a qué o a quién se refiere la carga individual, única e irrepetible que cada persona recibe, si se trata de una casualidad inexplicable, de una consecuencia natural que aún desconocemos o sí hay una forma en la que Dios intervenga para que la naturaleza actúe de un cierto modo.

Estas cuestiones parecen irrelevantes hasta que la persona se detiene a preguntarse qué tanto el modo en que la naturaleza humana se ha configurado en su propio cuerpo le ha influido en el modo de vivirse: ¿En qué medida la forma de mis pies, manos, piernas, abdomen, estatura, colores y formas han influido en el modo en que me vivo? Lo que sí se puede afirmar es que, sean cuales sean las cualidades únicas del propio cuerpo, éste es recibido por transmisión de los padres y, por tanto, dichas cualidades refieren inmediatamente a ellos.

No es de sorprenderse que muchos síntomas psicológicos significados en el cuerpo tengan estrecha vinculación con la relación con los padres. El rechazo a la propia filiación es un modo paradójico de vivir el propio cuerpo porque su dimensión más básica revela que el hombre es hijo. La naturaleza se individualiza de un modo configurado por la herencia; así, el cuerpo se hereda respecto a su configuración genética, además, manifiesta novedad, pues cada uno es verdaderamente único, y al mismo tiempo, su ascendencia, pues cada uno trae la carga de sus ascendentes.

La vida recibida de los padres se trata de un movimiento unitario del ser vivo que refiere a su principio vital. El grado de vida es mejor en tanto más integrada se encuentra la organización: "[...] el ser más indiviso, el que se posee más a sí mismo, el ser cuya acción brota más de lo íntimo, menos predeterminada, es el hombre".[63]. Esto quiere decir que la disgregación es carencia de vida, lo cual se observa, por ejemplo, cuando uno de los órganos no se mueve en unidad con el organismo y el cuerpo entero enferma. Otro caso se da cuando el cuerpo de una madre no trabaja en estrecha unidad con el cuerpo de un hijo que lleva en el vientre y el crecimiento del bebé se ve afectado. Considerando lo anterior, además de movimiento unitario, la vida es un movimiento regulador que mantiene un orden interno.

Dado que las partes reguladas son distintas y todo lo que es distinto se regula jerárquicamente, la vida recibida subordina las partes inferiores con respecto a su principio inmaterial, es decir, la vida o alma. Podemos observarlo, por ejemplo, en la oxigenación de la sangre en el cuerpo, pues prioriza al cerebro, al corazón y a los pulmones, después al sistema digestivo e hígado y, por último, las extremidades, de tal suerte que, en caso de un problema respiratorio, el cuerpo se mantenga con vida.

---

[63] Leonardo Polo, *La persona humana y su crecimiento*, Pamplona, EUNSA, 1996, p. 22.

Finalmente, la vida recibida es también inmanencia: recibe los efectos de su propio movimiento. Esto quiere decir que, cuando se trata del cuerpo: a más unidad, más vida; a más regularidad, más vida; a más inmanencia, más vida y vivir es más que no tener vida, es un grado de perfección. A causa de ello, parte del sentido de la vida humana corresponde a la naturaleza; vivir vale la pena por vivir, porque es un grado de perfección. En ese sentido, el anhelo de la vida es ser más vida.

El crecimiento del cuerpo humano en su naturaleza es claramente relacional, sistémico;[64] es una división especializada, coordinada y unificada en ese nivel complejo que constituye un organismo. Por su lado, la relacionalidad no es solamente en torno a sus estructuras, sino que posee una organización en relación con la de otros cuerpos tanto de la misma naturaleza, como de otra. Podemos observarlo en el crecimiento fetal y embrionario, el cual irrumpe en el crecimiento orgánico de la madre, de tal modo que el cuerpo de la progenitora transita por un estado en el que el funcionamiento de todo su organismo se comprende a la luz del hijo en su vientre; así, la organización del cuerpo de la madre es indispensable para el crecimiento del hijo.

Ahora bien, en el caso de la relación con los cuerpos de otra naturaleza, por ejemplo, las estructuras del cuerpo humano se encuentran en disposición de metabolizar otros cuerpos naturales en favor de su propio crecimiento: el cuerpo posee una disposición tal que es capaz de reorganizarse al comer carne de vaca. De esa forma, el cuerpo recibido de los padres es una organización viva que posee unidad, inmanencia, regulación y jerarquización, además de ser relacional de manera interna y externa.

Durante la primera etapa de vida, la persona humana se encuentra cobijada por el útero de su madre, nutrida a través de la nutrición de su madre y en total dependencia de la vida de ella. Una mujer es siempre el primer hogar de una persona humana y el útero femenino está ordenado a ser un posible hogar. Esta experiencia necesaria para toda persona humana le da una relación que lo vincula con su origen, con aquella persona de la que depende, en buena medida, su vida. Es por esto que Leonardo Polo acierta en una profunda conclusión: "El

64 Cfr. Alberto Vargas, *Ser y don…*, pp. 158-161.

hombre se define estrictamente como hijo";[65] ser hijo remite necesariamente a la unidad de dos personas: de papá y mamá.

En ese orden de ideas, un hijo remite necesariamente a la unión de una mujer y un hombre; más propiamente la fecundidad de la unión de los padres. Por consiguiente, cuestiones como la poligamia o la separación de los padres provocan un déficit en el crecimiento del hijo. En esos escenarios, se está ante la ruptura del origen y, como se ha dicho cuando se trata de la vida, entre más unidad, más vida, incluso si se trata de la unidad en su origen.

Es posible notarlo con claridad, pues la madre es el primer hogar del hijo y a su vez, necesita ser cuidada y proveída por el padre. Cuando una madre embarazada se encuentra desprovista de los cuidados que le corresponden al padre, el descuido puede afectar el crecimiento del hijo: malnutrición, estrés y cambios de ánimo son factores de alto riesgo para el crecimiento. El ideal es que para las primeras etapas de crecimiento de la persona humana, la vida de la madre se encuentre en crecimiento natural, esencial y personalmente; y para ello, la íntima unidad con el padre es casi imprescindible. Seguramente, habrá excepciones en las que alguna persona supla los cuidados para con la madre, pero son escasos, pues en estricto sentido "[...] el amor al hijo es una prolongación del amor entre los esposos".[66]

Dado que la persona recibe el cuerpo de la unidad entre los padres, la unidad entre éstos es imprescindible para comprender el modo en que el cuerpo crece y la aceptación que la persona hace de su cuerpo. No es indistinto el origen del cuerpo en que la persona encarna porque su propia encarnación le remite a dicho origen. Además, el hijo nace indefenso en un mundo ajeno para el que necesita de sus padres. Podemos relacionar estas ideas con lo que plantea Chesterton sobre el cuento de hadas:

> Cuando ingresamos a la familia, por el acto de nacer, ingresamos a un mundo que es incalculable, un mundo que tiene sus propias

---

[65] Leonardo Polo, *Ayudar a crecer. Cuestiones de filosofía de la educación*, Pamplona, EUNSA, 2006, p. 42.

[66] *Ibid.*, p. 90.

extrañas leyes, un mundo que podría vivir sin nosotros, un mundo que no hicimos nosotros. En otras palabras, cuando ingresamos a la familia, ingresamos a un cuento de hadas.[67]

La relación entre los padres es muy significativa en torno a la vida *corporal* que el hijo recibe de ellos. El posible rechazo que la persona experimente de su cuerpo puede significarle rechazo hacia la relación de sus padres; es el posible rechazo a su origen desde el que le ha sido transmitida la vida natural. La dualidad maternidad-paternidad se trata de co-aceptar al hijo y de co-darse en la pobreza en la que nace todo hijo. Un modo donde queda claramente manifiesto es al preguntarse: ¿de *quién* es hijo? y el "quién" remite a una dualidad padre-madre. Esta dualidad es profundamente exquisita en matices ya que depende de otra realidad dual que es anterior.

La dualidad de la maternidad-paternidad tiene como origen la del varón-mujer,[68] manifiesta, a su vez, en la dualidad complementaria *corporal*, cuyo don depende radicalmente de la distinción complementaria. La negación de la distinción de varón y mujer, y la pérdida de sentido de dicha dualidad, oscurece la dualidad paternal. En consecuencia, cuando esta última pierde el sentido del don, cuando la relación entre los padres es utilitaria, el hijo rechaza su cuerpo que le significa un origen objetivante, pues lo uno, el objeto, es lo contrario al don.

Piénsese también en la importancia de las primeras reacciones de papá y mamá al reconocer el cuerpo del hijo en el vientre de la madre, porque he ahí el primer hogar del hijo. Los padres son la primera manifestación de la aceptación de la persona del hijo. El asunto es que, para ello, es necesario previamente que papá y mamá se adviertan a sí mismos como hijos. La aceptación como padre depende de aceptar la propia condición de hijo. Los padres que libremente han rechazado el carácter filial al que remite su cuerpo han rechazado al mismo tiempo su paternidad.

---

67 Gilbert Keith Chesterton, *Herejes* (trad. Stella Mastrangelo), Barcelona, Acantilado, 2007, p. 146.

68 La distinción entre varón y mujer, a la luz del don y de una antropología trascendental ha sido por años el itinerario de Blanca Castilla. La cuestión sobre si se puede hablar de persona femenina y persona masculina o si se trata de dos modos de ser persona sigue abierta. Cfr. *Persona femenina, persona masculina*, 2a. ed., Madrid, Rialp, 2004.

La paternidad y la filiación son una dualidad inseparable en la persona, pues todo padre es antes hijo, y en su ser hijo se funda su posibilidad de ser padre. El aceptar como padre y madre implica darse a sí mismos en medio de la indigencia de los primeros años del hijo. La aceptación de la persona del hijo que se manifiesta en su cuerpo, así como la donación de los padres, manifiesta en la dualidad complementaria de sus cuerpos, a su vez, manifiestan al don que no es otro que el hijo mismo. De esa forma, el cuerpo es manifestación del don que es la persona y el rechazo a la dualidad filiación-paternidad es el rechazo del don, lo cual implica, a su vez, el significado del cuerpo.

Asimismo, el cuerpo del hijo puede significarles a los padres el rechazo que sienten el uno por el otro, lo cual evidentemente puede impactar en la relación que la persona tenga con su propio cuerpo cuya codificación ha sido transmitida por ellos. Un ejemplo fácilmente observable es que, quien rechaza su propia sexualidad, ya sea femenina o masculina, en realidad, puede estar rechazando la sexualidad de uno de sus progenitores.

Este rechazo al cuerpo recibido, precisamente en referencia al origen, se traduce en la desesperación. La vida recibida requiere de respaldo de la asistencia desde la propia radicalidad personal por la paternidad.[69] El cuerpo manifiesta a padre y madre como transmisores de vida y rechazarlos implica rechazar la propia filiación. Cuando la persona rechaza su carácter de hijo de tal padre y tal madre, se postula como el sujeto que se ha dado la tarea de vivirse a sí mismo, para sí mismo y por sí mismo; en consecuencia, hace que la vida recibida carezca de origen, fundamento, destinatario y rumbo. La pérdida de significado en el cuerpo originada en el rechazo a la propia filiación se identifica con objetos o ídolos a los que someter la propia existencia. Así, el cuerpo sujeto a idolatría es sometido a la autodestrucción, pues el fin de la creación de los ídolos es el consumo, de manera que se somete la propia existencia a un producto.

Todo cuerpo recibido manifiesta a una persona humana. Como todas, en su comienzo es pobre y, por tanto, manifestación de un encargo para los padres, posteriormente para la comunidad y después muy

---

69 Cfr. Leonardo Polo, *Ayudar a crecer…*, p. 48.

íntimamente para la persona, en la medida que va pudiendo disponer de sí misma:[70] "Si el hombre debiera todo a sí mismo, la educación carecería de sentido".[71] El encargo que manifiesta el cuerpo de cada persona al irrumpir el tiempo es signo del don personal. Si se oscurece el don, se pierde el significado del cuerpo y la vida íntima se obtura; en consecuencia, la persona cae en la tragedia de un cuerpo impersonal y vacío de sentido, es decir, un producto manipulable.

2. Cuerpo aceptado desde la esencia

¡Son mejores cantantes aquellos que han trabajado arduamente con su voz que quienes tienen la disposición natural, pero jamás la ejercitan! Éste es un claro ejemplo de que el cuerpo, en tanto es recibido de los padres en su transmisión de la dimensión natural, se encuentra en disposición de la apropiación que la persona haga de él. Cada persona humana añade sobre su vida natural y sobre las facultades espirituales, inteligencia y voluntad, su vida añadida. El cuerpo se encuentra abierto, no sin restricciones naturales, al reforzamiento vital que es la manifestación de la persona. Este crecimiento *corporal* manifiesta el crecimiento de una hiperformalización ejercida por el yo a través de la inteligencia y la voluntad.[72] Este crecimiento es perfeccionante de modo infinito y también un crecimiento esencial irrestricto,[73] donde el cuerpo es disposición a conocer y hacer cognoscibles los objetos, así como a añadir virtudes que unifican la vida y posibilitan el perfeccionamiento de su capacidad productiva y creativa.

El cuerpo, al ser aceptado desde la esencia, se va configurando al modo en que la persona dispone de él. Este crecimiento intelectual

---

70 Cfr. *Ibid.*, p. 47.

71 *Ibid.*, p. 46.

72 "Se trata del crecimiento capaz de hacer suyas la formalidad de las otras cosas, lo cual ya no puede ser un crecimiento orgánico, sino cognoscitivo, que interioriza –sin perder su propia forma– todas las cosas unificándolas". Cfr. Alberto Vargas, *Ser y don…*, p. 161. Cfr. Aristóteles, *Acerca del alma*, III c. 8, 431 b 21.

73 Cfr. Aristóteles, *Acerca del alma*, III, c. 5, 430 10-24; *Investigación sobre los animales* (intr., trad. y ns. Tomás Calvo Martínez), Madrid, Gredos, 2000, II, c. 3, 736 b 27.

que organiza al cuerpo es el propio de la ética[74] y del crecimiento moral que corresponde a adecuar el movimiento *corporal* a las condiciones fecundas para su vida, para más vida. El cuerpo no solamente es capaz de nutrirse, sino hacerlo balanceadamente; no sólo es capaz de desplazarse, sino hacerlo ágil, flexible y coordinadamente; no sólo es capaz de ver, oír, tocar, oler y probar, sino hacerlo con los objetos adecuados a cada sentido, de modo que los estimule sin lastimarlos. No sólo es capaz de recordar, sino de administrar los recuerdos funcionalmente para la consecución del sentido personal de su vida. No sólo es capaz de percibir, sino de dimensionar los movimientos, las formas, los tamaños y las cantidades, de manera que ayude a su propia interacción con el tiempo y el espacio. No sólo es capaz de impulsarse hacia el placer y rehuir del dolor, sino de evaluar inteligentemente qué objetos de placer a los que tiende son nocivos para la persona y cuáles son benefactores para la vida. El cuerpo no solamente es capaz de experimentar los sentimientos y las emociones, sino que la intervención dialógica de su yo le permite interpretar su causa y la adecuada consecución frente a ellos. Finalmente, no sólo necesita emitir sonidos, sino manifestar la articulación de los pensamientos del modo más asertivo y comunicativo posible.

El cuerpo del ser humano se define por el dominio del medio natural que le hace posible no tener que adaptarse y más bien adaptarlo a sí, gracias a la relación sistémica de la inteligencia con el cerebro, las manos y el lenguaje.[75] Tanto el conocimiento como las virtudes representan la riqueza inmaterial que, manifiestas en el cuerpo, favorecen su vida y la incrementan de modo irrestricto, porque siempre se puede ser más templado, más paciente, más culto, en fin, más educado.[76]

El cuerpo es aceptado por la esencia como un sistema en el que sobresalen las manos, el rostro y la cabeza. Estos elementos del organismo hacen evidente la apertura *corporal* humana a que la persona disponga de ella. La habilidad manual es la proyección de la inteligencia, activada por el yo a las manos, desde las que el ser humano

[74] Cfr. Genara Castillo, "El tiempo humano...", pp. 117-127.

[75] Cfr. Leonardo Polo, *Ayudar a Crecer...*, p. 69.

[76] Entendiendo educación como el proceso intencionado de perfeccionamiento humano.

proyecta nuevos modos de vivir.[77] Es por ello que no se puede explicar la corporalidad humana a través de las necesidades únicamente, pero sí se puede, sobre todo, desde su capacidad para generar oportunidades,[78] e incluso, alternativas en torno a un bien común a otros cuerpos personales, evitando así la entropía social.

Entonces, el cuerpo aceptado desde la esencia no es solamente productivo, también es socioeconómico. Puesto que la persona humana vive socialmente en el tiempo, descubre alternativas y va organizando su vida *corporal* según las implicaciones dadas por los intercambios sociales. El cuerpo va manifestando la participación de la persona en la vida de otras, empleando el tiempo de vida desarrollando alternativas para bienes comunes. Comprender al cuerpo únicamente desde su movimiento natural hace que se le signifique como consumidor, lo cual implica un descenso cualitativo de su sentido y apertura global.[79]

El cuerpo se mueve en disposición de la libertad, por ejemplo, la necesidad nutritiva despliega un infinito de alternativas en los objetos nutritivos y el modo de nutrirse que además integre la nutrición de más personas. Las tendencias al placer y el rechazo al dolor abren a infinitas posibilidades mercantiles para promover objetos de placer benéficos, en el mejor de los casos, aunque a veces es utilizado también para objetos de placer dañinos. La distribución de recursos, la utilización de los mismos y la generación de alternativas no responden a una medida objetiva estricta de *necesidades corporales*, porque las necesidades corporales humanas no son específicas, sino abiertas a la racionalidad, a objetivos inmateriales o esenciales.

Ya se dijo que el cuerpo, aceptado desde la esencia, es ético y productivo, ¡pero hay más! Disponemos de un cuerpo abierto al habla. La nariz, la lengua, los dientes, los labios, los pulmones, la laringe y la faringe son órganos que no tienen como función propia el lenguaje; sin embargo, intervienen en una de las manifestaciones más significativas de la persona: la comunicación verbal. El instrumental lingüístico humano es infinito, así como la instrumentalidad de las manos.

---

[77] Cfr. Leonardo Polo, *Quién es el hombre…*, pp. 65-66.

[78] Cfr. *Ibid.*, pp. 68-69.

[79] Cfr. *Ibid.*, pp. 86-95.

En ese sentido, la palabra humana es un significado en la voz, pero no de la voz, más bien de la persona que se manifiesta en ella. La voz es única en cada ser humano y por ello es una gran manifestación de la esencia de cada quien; por su lado, el lenguaje es una articulación social en devenir a la que se le va añadiendo el significado donde convergen las intenciones manifiestas en las voces articuladas. El cuerpo hablante está al servicio del yo, cuyo sentido es el perfeccionamiento.[80]

Dado que el cuerpo es hablante, el hombre es simbólico, rasgo que radica en el lenguaje que tiene un valor cultural como *continuatio naturae*. Se trata de un cuerpo que no habita únicamente un cosmos natural, sino un mundo amplificado en su interconexión por la acción humana, un mundo cultural que abre nuevas posibilidades franqueando el futuro. A través del cuerpo ético, productivo y hablante, el hombre es capaz de colocar fuera de él sus propias obras, de dejar su espíritu objetivado en una catedral, en un libro, en una máquina médica o en infinitas posibilidades.[81] Se dijo que el cuerpo, en tanto su vida recibida, posee el mantenerse con vida como parte de su significado; ahora bien, una dimensión del sentido de la vida *corporal* se refiere a este poder de manifestación que subsiste fuera del hombre.[82]

Sin embargo, no se entiende el cerebro humano sin las manos, ni las manos sin el rostro y el rostro sin la forma del cráneo y de la columna vertebral. Todos estos órganos integrados participan en una de las dimensiones más importantes de la vida humana: la familia. En última instancia, la apertura del cuerpo, además de productiva, es familiar.

Es por lo anterior que el significado del cuerpo tiene una dimensión necesitante propia de todo organismo natural, una dimensión productiva propia de su esencia racional, pero más aún, tiene una dimensión familiar. Esto es claro y evidente también en que la corporalidad femenina se comprende a la luz de la maternidad y la corporalidad masculina a la luz del aprovisionamiento de lo que necesita la madre embarazada y en primeras etapas lactantes. En la evolución del cuerpo de los seres humanos, el hecho diferencial es la familia; es decir, la

---

80 Cfr. Leonardo Polo, *Quién es el hombre…*, pp. 160-162.

81 Cfr. *Ibid.*, pp. 173-174.

82 Cfr. *Ibid.*, p. 174.

condición por excelencia para el crecimiento irrestricto esencial, para que el cuerpo sea ético, productivo y hablante, es que debe ser aceptado en familia.

La persona humana no puede procurarse a sí misma el reconocimiento y la aceptación que necesita como persona; para lograrlo, hace falta ser conocido por alguien más, y para ser aceptado, hace falta ser amado. El reconocimiento y aceptación del cuerpo es *familiar*, es en *dualidades* varón-mujer, papá-mamá, papá e hijo, porque la persona es coexistencia interpersonal. La *apertura* del cuerpo es principalmente familiar y no podría llegar a saber quién es sin dicha apertura; piénsese que la persona se reconoce en la mirada de los demás, en el modo en que es mirado. De esa manera, la apertura más importante del cuerpo es para la mirada de las demás personas desde las que requiere conocimiento y amor.

No obstante, esa apertura hace posible que la persona sea mirada como objeto, como producto, como cosa; y he ahí una de las peores tragedias para la vida esencial del ser humano, porque le origina la necesidad de cerrarse a la mirada de los demás por autoprotección. Al ser así, la propia vida reclama constantemente la *aceptación* de un quién distinto a sí, pero al cerrarse al encuentro personal, desespera y busca en las cosas del cosmos lo que sólo en las personas se puede encontrar. La propia vida y el propio cuerpo cobran sentido únicamente cuando la persona humana se abre coexistencialmente a otras. Antes que cualquier otra cosa, el cuerpo manifiesta a su familia, y *la familia es la dimensión primordial* en la que ese cuerpo necesita manifestaciones de valoración asegurada para poder disponerse al propio perfeccionamiento.

Otro aspecto del cuerpo que lo significa como familiar son sus *rasgos sexuales*. Éstos se comprenden exclusivamente cuando se miran con respecto o a la luz de los rasgos del otro; pero precisamente son los rasgos sexuales el signo de la identidad de todo el cuerpo, dado que *todo el cuerpo es femenino o masculino*. Esto quiere decir que no es que los genitales, por ejemplo, sean los únicos órganos sexuados; absolutamente *todos* los órganos corporales son sexuados femeninos o masculinos,[83] pero hay rasgos orgánicos que manifiestan el sexo de todo el organismo.

La aceptación del cuerpo por parte de la esencia constituye también la aceptación de la feminidad o masculinidad que la distinguen. Mediante dichos rasgos, el ser humano reconoce el claro sentido *corporal* creado para la unidad, porque sus rasgos más significativos se comprenden a la luz del cuerpo de otra persona humana. Del mismo modo que no cabe persona sola, tampoco cabe ni tiene sentido un cuerpo humano solo, pues es significativamente familiar y difícilmente se comprende al margen de ello. Es importante decir que esto no significa la unidad exclusiva entre varón y mujer, sino el hecho de que el sexo hace del cuerpo una dualidad complementaria es signo de que la persona es un constitutivo *ser-con*. Varón y mujer están llamados a la mutua *cooperación coprotagónica*, fecunda en todas las dimensiones de la vida humana.[84]

El cuerpo humano, complementario en su masculinidad y feminidad,[85] es signo visible de que el hombre no se comprende a sí mismo sino en *relación*. Por ello, la complementariedad sexual no es únicamente biológica sino esencial, más aún, refiere al significado de la coexistencia personal humana; *el cuerpo personal, es a su vez, esponsal.*[86] El cuerpo refiere a la familia y ésta es la cúspide de su ser productivo, creativo y hablante. Ahora bien, el varón y la mujer, son capaces de unirse tan íntimamente que manifiestan de un modo resplandeciente la imposibilidad de comprender el significado del cuerpo desde una noción solitaria de existencia.

---

83 Existen trastornos médicos en donde la sexualización del cuerpo se ve afectada genéticamente o en su desarrollo; lo cual es explícitamente una malformación humana que necesita de atención médica en mayor o menor medida. No por ello implica que exista un abanico de posibilidades de sexualización *corporal*; sino que unas rarísimas excepciones como en toda regla de la naturaleza.

84 Cfr. Blanca Castilla y Pedro Juan Viladrich, *Antropología del amor. Estructura esponsal de la persona*, Pamplona, EUNSA, 2019.

85 Cfr. Blanca Castilla, *Trabajo, familia y desarrollo social, Matrimonio, familia y vida,* Pamplona, EUNSA, 2011, pp. 277-302.

86 Blanca Castilla tiene un desarrollo interesante al respecto en "Family Character of the Person". *Journal of Polian Studies*, 3 (2016), pp. 103-131.

Como ya se ha indicado antes, para Tomás de Aquino la relación no es un tercer miembro como propone san Agustín en el *De trinitate*. La relación queda en el miembro inferior, en la criatura y la constituye en el ser. Ahora bien, bajo la unidualidad complementaria, cabe un orden superior de relación que se constituya en un tercero nuevo: la *esponsalidad*. No es un movimiento de un extremo a otro ni de "término", sino un movimiento mutuo y un mutuo abandono de su mismidad que abre paso a un *mutuo engendramiento* propio de quienes son *novios* y encuentran el significado de su existencia en un mutuo acto de *amor donal*.

A la luz del amor como trascendental, llamada del hombre (mujer y varón) a la esponsalidad, se renueva el propio ser de los amantes, lo cual no significa que se abra paso *otra* persona creada de la nada, pues los amantes no son origen, más bien quiere decir lo siguiente: dar la propia persona que se *es*, pero sin perderse gracias a la asistencia y respaldo de Dios, en tanto Dar Originario no se cansa de *Dar-Se* al dar, puesto que es el hombre. María Zambrano lo expresa bellamente: "El amor trasciende siempre, engendra siempre y cuando de este engendrar no nace un ser separado, un algo habrá de nacer, estará naciendo algo dentro del ser, en el intraser con sus correspondientes entrañas invisiblemente".[87]

Visto así, ¿en qué consiste el amor humano? Es un "encontronazo" íntimo que amplía la existencia; una extensión de la intimidad que comienza por el enamoramiento, es decir, por el encontronazo que nos invita a abandonar el límite de la propia existencia, la salida de uno mismo, la renuncia a ser *sólo* yo. Es una un don que no viene de fuera, sino que sale de dentro, un crecimiento del ser intensamente activo, un conocimiento generoso de la persona amada que no se detiene, que renuncia a decir *basta*. El amor humano se origina desde Dios y a Él se destina, de modo que reestructura toda la existencia, tanto la libertad nativa como la de destinación: el amado es entonces *ex Deo in me*, y su novedad surge mutuamente de dentro, es íntima a los amantes. Si esto es así, el amor humano no puede ser menos que personal, la salida de mí buscando *ser-con* la persona amante no sólo un co-engendramiento,

[87] María Zambrano, *Islas*, Madrid, Verbum, 2017, p. 230.

sino sobre todo un co-destinarse: existir mutuamente en co-existencia con Dios. Es el renacer mutuamente como amantes desde el destinarse común en tanto don de Dios en la intimidad del otro, lo cual implica el abandono de sí para *co-ser juntos con Dios*.

La expresión íntima de los que se casan es: "¡Qué libres somos!", y esa libertad se simboliza con el anillo porque su significado es: "Todo lo que está por venir –mi futuro que es lo más valioso en mí– te lo doy. Ahora es nuestro y sólo tiene una condición: ¡será contigo!". La libertad más poderosa es el amor y el amor es la entrega de la libertad, el deshacimiento de uno mismo que en el matrimonio se manifiesta poderosamente: "¡Qué alegría que existas, más aún, que co-existamos!" Por eso, a quien entrega un anillo le tiemblan las piernas y tartamudea, su cuerpo manifiesta la actividad de la libertad. Esto es un gran síntoma de que se sabe lo que se está haciendo, que se está dando a sí mismo en su globalidad y sobre todo en tanto *futuro sin desfuturizar*.

Es vivir sin vivir en mí. Los amantes no dejan de pensar ni vivir mutuamente: "¡O tú o ninguna!" Los amantes se conocen desde fuera y especialmente desde dentro, pues son mutuamente dones íntimos el uno con el otro para destinarse. En este sentido, el amor no es intercambio, equilibrio o integración, sino don mutuo en el orden de la destinación: la *común intimidad* de los amantes. El significado donal del cuerpo humano y de la vida social radica en la ampliación precisamente donal de la intimidad, la cual refiere al respaldo de Dios al hombre como dar dado, como *ser donal*. El amor es la actividad que abre paso al hombre nuevo; desde él, a un nuevo mundo, y con él, a un cuerpo nuevo en un nuevo tiempo.

El amor es la compañía en la esperanza de la existencia humana en el tiempo. Los amantes se renuevan mutuamente en la intimidad y por eso son novios, son los *nuevos*. El amor humano es *esponsal*, de co-destinación y alcanza una explicación plena si se accede a una antropología teándrica (una antropología desde Dios al hombre). Partiendo del teandrismo, cabe distinguir varón y mujer en el orden del amor, así como dar y aceptar desde la comprensión nativa de la persona como *don*. Ni el dar es exclusivo del varón ni el aceptar de la mujer, sino que, posiblemente, el aceptar es más intenso en la mujer y el dar más intenso en el varón, y juntos son una *unidualidad esponsal* en este orden del amor, esto es, mutuamente dones distintos en co-existencia. En definitiva, *la esponsalidad consiste en el mutuo reconocimiento del otro como don convirtiendolos en amantes*.

Así pues, la humanización del cuerpo por parte de la esencia es un proceso de crecimiento profundamente interpersonal y es a lo que comúnmente se le conoce como educación. Ahora bien, la educación no es un proceso unitario, sistemático y protocolario. La persona humana es esencialmente familiar, por lo que el plexo comunitario donde el cuerpo se desarrolla interviene profundamente en el proceso; es por ello que la estabilidad educativa perfeccionante se logra coeducando juntos, padre y madre. En un segundo plano, es indispensable la coeducación de los padres y los profesionales de la salud, los padres y los maestros, y la comunidad en general.[88]

La *intercorporalidad* ha mostrado ser la base para la incorporación de hábitos y competencias, así como para las más complejas formas de intersubjetividad, incluyendo la adquisición del lenguaje por medio de la interacción de prácticas que involucran el cuerpo.[89] El perfeccionamiento ético de la vida *corporal* se ve disminuido cuando el entramado social dentro del que la persona se constituye se encuentra desintegrado. La formación del cuerpo no solamente exige la unidad del tiempo de la vida, sino la unidad de todas las personas involucradas que participan en el modo en que la esencia va humanizando al cuerpo mientras vive.

Dicho lo anterior, el proceso será mejor, en la medida que el desarrollo logre la formulación y consecución de proyectos a largo plazo en continuidad biográfica y no viviendo al día persiguiendo impulsos irracionales.[90] Por consiguiente, la racionalidad es condición para la sociabilidad, esto es, para que el cuerpo conduzca a la relación con los demás. ¡Cuando se mira a un hombre a los ojos, su mirada responde! En el cuerpo, la mirada es un penetrar en la intimidad. De este modo, la mirada del ser humano es relacional y habla de la persona libre y

---

[88] Cfr. Leonardo Polo, *Ayudar a crecer…*, p. 101.

[89] Cfr. Thomas Fuchs, *Ecology of the Brain. The Phenomenology and Biology of the Embodied Mind*, Oxford, Oxford University Press, 2018.

[90] Cfr. Leonardo Polo, *Ayudar a crecer…*, p. 102.

espiritual que dispone de ella;[91] además, mediante ella, el significado del cuerpo puede revelarse abierto a la intimidad personal.

Lo característico del cuerpo humanizado es su capacidad de establecer relaciones de mayor alcance con todo lo demás.[92] Ahora bien, en sentido inverso, la relación con los demás es imprescindible para el crecimiento de la racionalidad. Por ello, puede decirse que: "[...] la verdad es una condición de la sociabilidad".[93] El cuerpo manifestativo de una familia unida, de virtudes, de comunicación asertiva, de obras artísticas, de producciones útiles, es manifestación de una persona, que desde su inteligencia se ha encontrado con la verdad y se ha enamorado de ella.[94]

El cuerpo de quien se vive en un nivel personal se manifiesta operando al modo de su racionalidad y aprende asimilando y transformando la realidad.[95] Es importante rescatar que el hombre, al conocer lo hace por medio de su cuerpo, dicha constitución fundamental no posee respuesta frente al mundo natural, pues es capaz de hacer con su cuerpo lo que ninguna otra criatura hace en su conocimiento del mundo natural. Su cuerpo es el único que puede adaptar el mundo a sus necesidades, en lugar de que sus necesidades se encuentren adaptadas al mundo; de hecho, las necesidades corporales humanas requieren de la inteligencia para saciarse frente al mundo. Por esta razón, significar el propio cuerpo mediante lo que se conoce en el mundo material resulta imposible.

Al aceptar su cuerpo, la persona experimenta que puede descubrir el significado de la realidad, de lo que ve, de lo que percibe, a través de aquél, pero no de su propia realidad. La ausencia de significado de su propio cuerpo mediante el conocimiento del mundo le hace reconocer una primera noción: que éste no se encuentra frente a lo que ve. Esto revela al hombre la peculiaridad de su ser, el

---

[91] Cfr. Edith Stein, *La estructura...*, p. 94.

[92] Cfr. Leonardo Polo, *La persona humana...*, p. 23.

[93] Cfr. Leonardo Polo, *Ayudar a crecer...*, p. 162.

[94] *Ibid.*, p. 163.

[95] Cfr. Leonardo Polo, *La persona humana...*, p. 33.

conocimiento "[...] le hace salir [...] fuera del propio ser [...]",[96] pero no le revela quién es.

Por lo anterior, en el mundo material no es donde puede encontrar el significado de su propia materialidad y la mera racionalidad no le hace capaz de comprenderse. Es el único cuerpo vivo que manifiesta el poder de cultivar y transformar el mundo a su modo. La experiencia de dominio, e incluso de autodominio, es signo de que el significado del propio cuerpo se encuentra en una relación no con el mundo, sino con el Creador del mundo. La manera en que el cuerpo de la persona humana se encuentra abierto se asemeja más al carácter personal del Creador que a la especificidad de las demás creaturas.

El cuerpo manifiesta mucho más significativamente el sentido, más que por su funcionalidad orgánica, por su capacidad de dominar sobre ella y sobre la de todos los demás cuerpos.[97] La persona humana, a través de su propia humanidad, queda constituido en una relación única, exclusiva e irrepetible con Dios mismo y manifiesta en la apertura de su corporalidad. Al ser el único capaz de transformar el mundo, de ser creativo, más aún, de personalizarlo, se da cuenta de que posee la imagen de Dios. La aceptación esencial que la persona hace de su cuerpo, humanizándolo, no se limita al perfeccionamiento en la virtud; sino que, en medida que la vida humana opera racionalmente, se descubre un sentido aún más íntimo para el cuerpo.

El universal anhelo de la persona humana no llega al autodominio o la virtud; sino que va más acá del yo, en Aquél que es más personal que él. La disposición *corporal* al perfeccionamiento de la vida desemboca en Dios.[98] El ser alguien hace del cuerpo un signo del don que significa la propia existencia. Al ser un don, se trata del signo del propósito del Don de proveer el bien de aquellos a quienes les ha regalado la creación y todos sus bienes. Así, el carácter de don se

---

96 Juan Pablo II, *Varón y mujer. Teología del cuerpo*, Madrid, Palabra, 2003, p. 51.

97 "La estructura dinámica de la autodeterminación habla al hombre de lo que le es donado y al mismo tiempo confiado como tarea. Por esto el hombre se revela a sí mismo en sus actos, en las decisiones interiores de la conciencia: se revela a sí mismo como aquel que continuamente se es dado a sí mismo como tarea, que debe confirmar, verificar, y en cierto sentido conquistar la estructura dinámica del propio 'yo' que le es dada como autoposesión y autodominio". Karol Wojtyla, *El hombre y su destino*, Madrid, Palabra, 2003, p. 35.

98 Cfr. Leonardo Polo, *La persona humana...*, p. 28.

encuentra enraizado de modo ontológico y axiológico en el cuerpo.[99] En su vivencia *corporal*, la persona humana descubre la inspiración de no vivirse únicamente para algo como el bien, la belleza, la verdad o la unidad, sino para Alguien. El crecimiento moral indica ser capaz de, mientras que el coexistencial indica ser *capax Dei*.

El caso contrario es trágico y profundamente desesperante en la vida humana. Cuando la persona asume la disposición *corporal* para sí mismo, para sus propios objetivos, no sabe contar más que con sí mismo. Cuando es así, lo único conveniente es el convencionalismo[100] que se muestra en un cuerpo manifestativo de modelos políticos, económicos y sociales, es decir, en ídolos. Un cuerpo idólatra, es un cuerpo deshumanizado y despersonalizado. Si la persona rechaza libremente la aspiración a elevarse por sobre la objetividad de los fines, se encierra en ellos de tal modo que despersonaliza su signo. La grandeza de la apertura *corporal* desemboca en un sistema teleológico que no comparece con la libertad, además en un amar personal al que el cuerpo se encuentra en disposición.

No obstante, no quiere decir que el cuerpo de la persona que rechaza la apertura al Don deje de ser personal. Durante toda la vida humana, está la esperanza de que no haya vida de hombre que deje de ser personal, pues ese carácter de cada quien no es una decisión: "La única palabra real es la palabra personal, el verbo más íntimo, no el preferido, ni siquiera el verbo interior, que es intencional. Cada uno de nosotros es un nombre que sólo conoce Dios".[101]

---

[99] "That creation has the nature of the gift is important, because a gift is by its very essence given in freedom. The world is not some necessary emanation from the power or fan impersonal being or system. Rather, it serves the Giver´s purpose to provide for the good of those whom he gave the world and its goods. Therefore, this gift character, both ontological and axiological, is rooted in the being of things". Adrian Reimers, *Truth about the Good: Moral Norms in the thought of Karol Wojtyła - John Paul II*, Florida, Sapientia, 2010.

[100] Cfr. Leonardo Polo, *Ayudar a crecer…*, p. 164.

[101] Leonardo Polo, *Quién es el hombre…*, p. 163.

3. Cuerpo en donación personal

¡La esperanza nunca muere! Metafísicamente hablando, el crecimiento *corpóreo* llega a su detención inevitable: la muerte. Por su parte, el crecimiento esencial es irrestricto como ha indicado Gregorio de Nisa,[102] pero dada su dualidad con el crecimiento *corporal* y la detención que tal crecimiento conlleva, requiere siempre un respaldo orgánico que lo condiciona. Mientras se es en el tiempo, el crecimiento esencial aprovecha el crecimiento *corporal* y también con la pérdida de vida *corporal* se va demorando el crecimiento esencial; pero aunque se haya perdido el tiempo, siempre se puede retomar la nueva situación en la que la pérdida ha situado y desde ahí reactivar el crecimiento. Humanizar es lo propio de la ética y se refiere precisamente al crecimiento esencial. Sin embargo, dado que el cuerpo es personal, no es suficiente humanizarlo, sino que conviene personalizarlo.

La personalización del cuerpo significa que dado que la vida personal es elevable, en tanto apertura a su Creador y mediante la coexistencia de un modo más estrecho y personal con Dios, el cuerpo también es elevable a la dimensión donal, a la intimidad. San Agustín lo expresa bellamente:

> Trascenderé esta energía (vis) mía por la que estoy unido al cuerpo y llena su organismo de vida, pues no encuentro en ella a mi Dios. Porque, de encontrarle, le hallarían también el caballo y el mulo, que no tienen inteligencia, y que, sin embargo, tienen esta misma energía

102 "La sustancia intelectual e inmaterial escapa a todo confín, porque nada puede limitarla. Dividimos así la sustancia intelectual: una es increada y creadora de todo lo que existe [...], no admitiendo ninguna disminución en el bien; la otra, en cambio, ha nacido por medio de la creación y siempre dirige su mirada a la causa primera de los seres y continuamente es conservada en el bien gracias a la participación en quien es superior; en un cierto sentido, esta es siempre creada, ya que alcanza una condición siempre mejor mediante su crecimiento en lo que es bueno, de tal forma que tampoco para esta sustancia se puede vislumbrar un límite ni se puede trazar un confín a su crecimiento en el bien, sino que continuamente lo constituye su bien presente, por mucho que parezca grande y perfecto, es el comienzo de un bien mayor que está por encima, de tal modo que también por esta resulta verdadera la palabra del apóstol, el cual, a causa de su tender siempre hacia delante, olvidaba lo que ya había alcanzado", Gregorio de Nisa, *Canticum canticorum homiliae*, 6 (PG 44, 885-887).

> por la que viven igualmente sus cuerpos. Hay otra energía por la que no sólo vivifico, sino también sensibilizo a mi carne, y que el Señor me fabricó mandando al ojo que no oiga y al oído que no vea, sino a aquél que me sirva para ver, a éste para oír, y a cada uno de los otros sentidos lo que les es propio según su lugar y oficio; las cuales acciones diversas, las hago por su medio, yo que soy único espíritu. Pero trascenderé esta energía mía; porque también la poseen el caballo y el mulo, pues también ellos sienten por medio del cuerpo [...] Trascenderé, pues, aún esta energía de mi naturaleza, ascendiendo gradualmente hacia mi creador.[103]

El cuerpo se encuentra en disposición a la vida recibida y a la vida añadida, y sobre todo, es abierto a la aceptación de la elevación. El cuerpo no pertenece a la esfera de la persona, sino del yo, de sus estados y vivencias;[104] así como a la dimensión natural de los padres que lo transmiten. Sin embargo, puesto que el don que una persona humana es, es exclusivo de Dios,[105] el significado del cuerpo tiene un sentido personal. Así, el cuerpo es para su destinatario, aquél por quien la persona ha sido convocada a vivir. A esto se refiere Scheler cuando señala que la *carne* debería ser la revelación del Verbo que ella lleva consigo. Este planteamiento concuerda con la reflexión de Michel Henry: la persona, al tomar carne en ella, sería Él quien, en ella, cumpliría la obra de una revelación que es la suya, y a la que la *carne* debería su poder de revelación.[106]

El sentido verdadero y profundo de la vida humana en su corporalidad es abierto a ser un don que se realiza al darse.[107] La reflexión sobre éste debe comparecer con la auténtica sabiduría que tiene como tema el amar personal; respecto a ello, es valiosa la forma de Lévinas:[108]

---

[103] San Agustín, *Confesiones* (trad. Eugenio de Zeballos), Barcelona, Iberia, 1957, pp. 11-12.

[104] Cfr. Max Scheler, *Ética. Nuevo ensayo...*

[105] Cfr. Juan Fernando Sellés, *Antropología para inconformes...*, p. 23.

[106] Michel Henry, *Encarnación...*, p. 25.

[107] Cfr. Juan Fernando Sellés, *Antropología de la intimidad. Libertad, sentido común y amor personal,* Madrid, Rialp, 2013, p. 98.

[108] Cfr. Emmanuel Lévinas, *De otro modo que ser o más allá de la esencia*, Salamanca, Sígueme, 1995.

> Rostro, lenguaje anterior a las palabras, lenguaje original de rostro humano, despojado de la compostura que le aportan los nombres propios. Lenguaje original, mamada, ruego [...] mendicidad pero también imperativo que me obliga a responder del prójimo, a pesar de mi propia muerte; mensaje de la difícil santidad, del sacrificio; origen del valor y del bien, idea del orden humano en él manda que se da al ser humano. Lenguaje inaudible, lenguaje inaudito [...] Más allá de la ontología. Palabra de Dios.[109]

Sin embargo, la persona humana, al ser libre, puede rechazar el sentido de su corporalidad. Muchas enfermedades físicas y psíquicas son signo de la enfermedad espiritual donde la coexistencia decae en una existencia solitaria que conlleva la vivencia de la corporalidad para uno mismo y nada más. El problema es que si la libertad no tiene a quién destinarse, se obtura y las opciones se encierran en ensimismarse o entregarse al mundo de las cosas. Ambas tragedias son causa de los significados reduccionistas del cuerpo que lo llevan a ser manipulado, forzado, utilizado, mutilado y esclavizado con fines subjetivos. La masturbación compulsiva, la pornografía, la prostitución, la violación, el abuso sexual, las operaciones estéticas son manifestaciones de una existencia solitaria, de vivir al cuerpo sin para quién.

Es por esto que las heridas psíquicas no pueden sanar por medios reduccionistas del cuerpo. Los síntomas de la crisis actual no se pueden sanar mientras se comprenda a la persona como un ser que existe en sí mismo y para sí mismo. La existencia sola se contrapone con la nada y eso significaría que el ser humano es nadie. Si el ser humano se comprende y vive únicamente como existente, el cuerpo también se vive como un objeto útil, pero no personal. Tantas enfermedades psíquicas como la anorexia, la bulimia, la vigorexia, la obsesividad compulsiva, las disforias y todas las adicciones, tanto a sustancias como a conductas, son signo del cuerpo comprendido como útil, ya sea para la supervivencia de la especie, en el caso del naturalismo; para la producción socioeconómica, desde el materialismo; para los fines

[109] Emmanuel Lévinas, *Entre nosotros. Ensayo para pensar en otro*, Valencia, Pre-Textos, 1993, pp. 47-48.

que cada quien se adjudique, según el relativismo, o para el placer, desde el hedonismo.

Por otro lado, muchas enfermedades físicas son consecuencia de las psíquicas, ya porque se somatizan, ya porque traen consecuencias orgánicas. La vida humana entendida desde la sola existencia asume la muerte como fin de la vida de la persona para siempre; así, destierra el futuro en eterna soledad y sentencia al cuerpo a un sentido pobre e impersonal. Si el sentido del cuerpo es la donación, cuando se le ve como objeto, la persona lo rechaza, usa y manipula con fines utilitarios; en consecuencia, en todos los casos, oscurece aún más la propia intimidad.

Para enfrentar la enfermedad física y mental de la crisis actual, se necesitan detectar los límites de la propia existencia en condiciones de abandonarlos, de dejar atrás la soledad y, con ello, abrir paso a la esperanza coexistencial desde la que el cuerpo es donal. Dicha perspectiva admite posibilidad de la liberación de la intencionalidad existencial utilitarista para hacer posible el descubrimiento y la apreciación del significado del cuerpo para un verdadero conocimiento personal. Liberarse de la reducción para reencontrar "[...] la libertad del don, que es la condición de toda convivencia en la verdad [...] en particular, en la libertad del recíproco donarse [...]".[110]

Destinar el significado del cuerpo a la comunión de personas, a la coexistencia personal con Dios y con las demás personas humanas, verifica su sentido último en el anhelo por belleza, unión, verdad, felicidad, alegría, benevolencia, éxtasis, eternidad y compañía; todos sustratos del amor. ¡El cuerpo se encuentra en disposición donal! En él puede darse la persona mediante miradas, caricias o abrazos; también puede darse en hacer del mundo hogar, arte, herramienta y alimento; asimismo en las enseñanzas o el simple convivir el tiempo y el espacio. Infinitas son las alternativas mediante las que el cuerpo se encuentra abierto al don.

Cabe señalar que el cuerpo en donación personal también incluye la dimensión de la atracción sexual y es necesario que ésta sea dominada por la esencia para elevarse al orden del valor de la persona

---

[110] Juan Pablo II, *La redención del corazón*..., p. 139.

humana. Como se ha dicho, el cuerpo es familiar en tanto que es sexuado, y la comprensión de su significado es siempre en dualidad: la consideración de la existencia de varón y mujer.[111] La aceptación del propio cuerpo conlleva la del cuerpo sexuado y las manifestaciones femeninas o masculinas del mismo.

El cuerpo de la mujer se manifiesta de modo distinto que el del varón y la persona humana posee dos formas de encarnación: masculina o femenina. Así como el modo abierto del cuerpo de la persona no puede comprenderse por medio de las otras realidades creadas, pues no reconoce en ellas el carácter personal, tampoco puede reconocer el significado del hecho de ser sexuado desde ahí. Al ser sexuado, mediante el cuerpo del hombre se revela el significado específico de la persona, esto es, en relación. En soledad, el hombre es ya en relación con el Creador, y el signo más claro de ello es que ha sido creado en una dualidad. El hecho de ser varón y mujer significa que el hecho mismo de existir como persona es en relación; significa que ser persona es coexistir.

Esto implica que la dimensión sexual del cuerpo también constituye, en última instancia, un modo *corpóreo* de ser para alguien, lo cual conforma la razón y fundamento de la atracción. Tal planteamiento consiste en que lo único que merece uno mismo es ser atractivo en tanto digno de ser amado, y el único modo de relacionarse con el otro, acorde con el significado del cuerpo, es como un don. De esta forma, el significado del cuerpo es liberado de las reducciones que lo llevan a ser manipulado, forzado, utilizado, mutilado y esclavizado. De esta manera, le da la posibilidad de descubrir el significado que el cuerpo manifiesta y que lo conducen a ser amado por sí mismo y respetado en toda la integridad de su ser. En el acercamiento al significado del cuerpo: "[…] el hombre alcanza la espontaneidad más madura y profunda, con la que su 'corazón' […] redescubre la belleza espiritual del signo constituido por el cuerpo […]".[112]

---

[111] La propuesta llega a tal punto de que el ser humano no puede comprenderse en plenitud sin considerar la dualidad femenino-masculina. De lo contrario, surgen reduccionismos en donde al ser humano se le considera sólo desde su carácter espiritual, racional o volitivo.

[112] Juan Pablo II, *La redención del corazón…*, p. 168.

Cuando este descubrimiento se consolida, se unifican las facultades del hombre en el yo con un sentido no únicamente ético, sino también, en última instancia, para la profunda comunión con el significado de sí mismo. Por tanto, al no haber rupturas, la integridad personal deja de necesitar normas externas que delineen su comportamiento; así, la persona es don en su cuerpo, al cual se le eleva al signo que constituye. La humanización esencial del cuerpo le ordena y organiza para el bien; mientras que la espiritualización del cuerpo le orienta a su carácter originario: el deseo de don para otro, en anhelo de destinatario. La elevación del cuerpo a su valor personal va adquiriendo voz en los estratos más hondos de los deseos y la persona se va adecuando a ellos en su actuar: "[...] el hombre vive la gradual experiencia de la propia dignidad [...]",[113] además, se dispone y "[...] experimenta la libertad del don [...]"[114] en su propia carne.

Ahora bien, efectivamente, la unión sexual es necesaria para la aportación genética de los progenitores, sin la cual no es viable una nueva vida humana personal. Ya se ha dicho en qué medida la dupla varón-mujer se dualiza con la de filiación- paternidad. También se ha precisado que toda persona busca ser reconocida y aceptada en cuerpo, abierto a la alteridad con personas. Asimismo, no cabe duda que los primeros que deben reconocer y aceptar el cuerpo que manifiesta al hijo sean los padres. Sin embargo, la aceptación y reconocimiento más profundo no proviene de la filiación-paternidad histórica, debido a que los padres no explican exhaustivamente la existencia singular de su hijo. Es decir, su unión sexual no explica por qué ha nacido cada quien que nace de ellos. La cantidad de hijos y el momento histórico en que llegan a la existencia tiene suficiente relación con su unión sexual, mas no completa explicación. Hay relaciones sexuales anticonceptivas que conciben y relaciones sexuales conceptivas que no logran gestar hijos.

Aunado a lo anterior, no es posible comprender los motivos por los cuales "tal" gameto masculino se unió con "tal" gameto femenino; por eso, respecto a los padres, el hijo es siempre un don. Una opción

[113] *Ibid.*, p. 175.

[114] *Idem.*, p. 175.

un tanto debilitada sería el dar cabida al azar que es contrario a la condición irreductible de la persona, pues la casualidad se define, precisamente, como causalidad desconocida. No se puede aceptar que de la causalidad surja una persona irrepetible. Como cada persona es irrepetible e irrestricta, jamás habrá dos personas iguales; la causalidad real es imposible, pues sólo tiene frutos en entes repetibles en esencia. Por esto, los motivos por los cuales cada quien es concebido refieren a una dualidad coexistencial más íntima que la de filiación-paternidad humanas:

> En ningún ser humano se encuentra la explicación última de mi existencia como persona singular; ninguna persona humana, ni si quiera mis padres, me pueden reconocer y aceptar de modo pleno e íntegro porque no pueden dar razón del quién singular que soy; por decirlo así, mis padres no saben por qué existo precisamente yo y no otro.[115]

Pues bien, si la persona no puede lograr ser reconocida y aceptada por el cosmos ni por las demás personas humanas, incluidos sus padres, ¿por quién, entonces? El reconocimiento y aceptación, en última instancia, a los que el cuerpo se encuentra abierto es a la Paternidad Divina. De esa forma, el cuerpo es abierto al reconocimiento de la filiación divina y la novedad manifiesta en él remite al origen del don personal creado directamente como hijo de Dios. La coexistencia personal con Él hace que la persona tenga experiencia de ser hijo del Padre, ya que Dios es la Paternidad. De ser así, la persona descubre su réplica en su Padre y la aceptación personal, que corresponde a su más profundo anhelo.

Aceptar y reconocer del Padre es incondicional y es lo que eleva el signo del cuerpo más allá del cosmos o de cualquier manifestación humana. El cuerpo de cada quien manifiesta la predilección irrestricta de Dios por cada persona; además, se encuentra abierto a manifestar que Dios mismo le ha convocado, y le sigue convocando,

[115] Salvador Piá Tarazona, "El carácter filial de la co-existencia humana", en Juan J. Borobia-Miguel, José I. Lluch y Eduardo Murillo (eds.), *Idea cristiana del hombre, Actas del III Simposio Internacional sobre fe cristiana y cultura contemporánea* (Instituto de Antropología y Ética de la Universidad de Navarra, 22-23 de octubre, 2001), Pamplona, EUNSA, 2002, pp. 211-219.

a la existencia. Todo el cosmos tiene sentido gracias a que lo habita el cuerpo, aunque fuese solamente el mío.

Ahora bien, la filiación divina es condición para que al hombre se le diga quién es; sólo si acepta el don que él mismo es, pues hacerlo es aceptarse correspondiendo a la vocación divina. La coexistencia con Dios como hijo del Padre es el modo en que la persona conocerá a su propio hijo. La experiencia de la apertura del cuerpo al reconocimiento y aceptación que la persona busca en papá y mamá se comprenderá a la luz de la apertura a ese reconocimiento que cada uno como hijo busca en Dios su réplica.

Por tanto, la paternidad humana se abre al sentido del encuentro con el hijo, a la luz de la propia condición de hijo de Dios. La filiación divina será clave para que papá y mamá puedan aceptar a la persona de su hijo como don. Y será clave para ambos corresponder a la sonrisa piadosa frente al cuerpo del hijo con el dar que, a su vez, corresponde a la mirada de la paternidad humana inspirada en el dar de Dios.

El ámbito del hijo es también itinerario de papá y mamá. No se puede ser padre si no se acepta la propia condición de hijo. Si se abre los ojos a los trascendentales personales, en cuanto hijo de Dios, la persona se revela abierta a Dios, dependiente de Él libremente y en indagación creciente y amorosa, aceptando Su Paternidad que radica en adjudicarse la vocación que el Padre le ha encomendado si libremente lo desea. Esto quiere decir que, a nivel trascendental, es libre la vinculación filial de la creatura humana con su Creador como Padre.

Por otro lado, si se atiende a los trascendentales personales, la persona descubre en su filiación el modo de coexistir con su hijo siendo padre humano. Da cuenta de la dependencia parcial del hijo respecto de sí para aceptar crecientemente la libertad personal del hijo. En la búsqueda personal de su propio sentido, el padre humano comprende amorosamente que dar como padre consiste en brindar al hijo lo que esté en sus manos, a fin de que él mismo pueda descubrir su sentido personal.

La divinización del cuerpo a la que se encuentra abierto es posible, pues la estructura humana es personal y ser personal indica coexistencia con Dios. Su descubrimiento y realización se logran mediante una apertura radical al Don que es Dios. En dicha experiencia, "[...] la libertad se convierte en fuente de 'obras' nuevas y de 'vida' según el Espíritu".[116] La persona puede disponer de su cuerpo de tal modo que le hace capaz del don que es el significado de su cuerpo: constituye la revelación de la Comunión de Personas.

Ahora bien, cuando dicha experiencia se abre a la vida divina, se experimenta que el cuerpo no solamente se encuentra en disposición de la esencia y la subjetividad; sino la vida de la persona humana se encuentra interiormente fecundada y enriquecida, frutos manifiestos en el cuerpo.[117] La personalización del cuerpo es ese destinarse con el Creador, a fin de descubrir el profundo valor y aprecio por los signos corporales y todo lo que conlleva la sexualidad para la comunión. Esto trae consigo la intimidad en el ámbito de las relaciones y comportamientos relativos al cuerpo, lo cual es importante tanto respecto del propio cuerpo como a las relaciones recíprocas, especialmente entre varón y mujer.[118]

Abre el acceso a la experiencia del significado del cuerpo y a la libertad del don a él vinculada, donde se descubre la conexión orgánica con el amor. Brota la belleza que impregna toda la esfera de la convivencia mutua de los hombres y expresa la sencillez, profundidad y autenticidad irrepetible de la afirmación personal. El hombre se experimenta libre de toda distorsión, manipulación, dominio y corrupción en el cuerpo. Es por ello que, en expansión y comunión de personas, el cuerpo se afirma y reconoce.

En ese sentido, el hombre ha de confirmar en sí mismo que su propio cuerpo ha sido asignado como: "[...] el signo transparente de la 'comunión' interpersonal, en la que el hombre se autorrealiza mediante el auténtico don de sí mismo".[119] En la comunión personal, las personas humanas descubren, de un modo especial, el misterio de la creación que significa su cuerpo. Se trata de una acción que les permite reconocerse y llamarse por su nombre; de esa manera, el cuerpo significa a la persona la coexistencia con Dios, con los demás y con el

[116] Juan Pablo II, *La redención del corazón...*, p. 198.

[117] Cfr. *Ibid.*, p. 205.

[118] Cfr. *Ibid.*, p. 213.

[119] Juan Pablo II, *La redención del corazón...*, p. 234.

mundo. Y no sólo vivir el propio carácter trascendental, el significado del cuerpo, en tanto capaz de esa unidad, expresa la superación del límite de la soledad del hombre.

Para lograrlo, también es imprescindible que el clima cultural, en su totalidad, ofrezca los elementos necesarios que conduzcan al espectador a través del cuerpo y todas sus manifestaciones al misterio personal del hombre. El cuerpo humano es la expresión pura y llana de la persona que es el hombre: todo lo visible en el primero, es signo de todo lo invisible en el segundo. Mientras que clima cultural siga reproduciendo modelos corporales humanos utilitarios, naturalistas, hedonistas y materialistas, en medio de comunitarismos ficticios identitarios, el significado personal del cuerpo permanecerá oscurecido y se magnificarán los síntomas que esto supone.

Ahora bien, en este proceso de crecimiento personal en el cuerpo, se pueden distinguir algunas etapas de vida. Éste es el tiempo que mide a la corporeidad humana y que da cuenta de la historicidad de la persona. Es importante decir que el crecimiento corporal humano es modulado por el yo o la esencia; por ello, es imposible pensar en las etapas de desarrollo corporal humano de modo objetivo, pues se trata de un cuerpo personal abierto del que la persona libre va disponiendo en su yo. Sin embargo, es posible describir coordenadas por las que todo cuerpo va transitando a su modo y en su ritmo.

La primera etapa por la que atraviesa el cuerpo personal es la vida en el seno materno donde la naturaleza recibida manifiesta el poder de su principio vital; así, el impulso vital predomina en el movimiento corporal. El sentido de dicho cuerpo es en coexistencia muy estrecha con su madre y consiste en organizarse. Dicha etapa termina en la crisis llamada nacimiento o alumbramiento. La persona transita por una pérdida de gran importancia, dado que su cuerpo deja la total protección materna. Sin embargo, la persona, en el ideal de los casos, recibe el maravilloso don de la participación de su padre, quien contacta por primera vez con el cuerpo de su hijo. El nacimiento es un umbral por el que un cuerpo recibe la vida que el yo irá añadiendo.

Posteriormente, el cuerpo infantil manifiesta su apertura, pues el yo aprende y la persona va manifestando su novedad en el modo en que se nutre, se mueve y responde a las cosas y al encuentro con las personas. Es una etapa en la que se va viendo muy claramente cómo la persona va disponiendo de su cuerpo que, a la vez, va personalizándose. También se trata de una etapa en la que la persona distingue su cuerpo del de su madre, así como el juego de su vida corporal frente al juego de la realidad ajena a éste. Esto solamente es posible a la luz de la distinción de varón y mujer en papá y mamá. La ausencia de dicha distinción causa un problema importante en la personalización del propio cuerpo y la identificación con el mismo.

Después de algunos años, el cuerpo infantil atraviesa un umbral lleno de cambios en orden a la procreación humana. Es por ello que la crisis por la que atraviesa el cuerpo es muy evidente y el modo en que la persona logra aceptarlos impacta fuertemente al yo. En esta etapa, la distinción de la dualidad varón y mujer en el cuerpo resalta con todo su esplendor. La crisis corporal hace que la persona atraviese, en su yo, por una crisis que se llama comúnmente maduración. Es una etapa donde se vive un enfrentamiento cara a cara con el cuerpo y el significado del mismo. Dado que el significado del cuerpo no es psicológico sino personal, la ganancia de este momento es la de intuir el anhelo por buscar el propio sentido personal; es decir, asumir la propia libertad y, con ello, el significado del propio cuerpo. Es un momento de gran oportunidad para orientar el significado del propio cuerpo en orden de la vocación divina y la coexistencia personal con Dios.

El cuerpo joven se encuentra lleno de vitalidad y estabilidad respecto a los cambios. Es una etapa para que se encuentre abierto a su sentido personal y lo manifieste con toda su magnificencia. Es el momento en que, en disposición de la persona, pueda ser dimensión de intimidad con otras y coexista con el mundo movido en valores y virtudes que acrecienten al yo. El cuerpo joven atraviesa las etapas más productivas de su vida y en las que mayor capacidad posee de participar en la construcción del plexo comunitario familiar y social.

Durante unos años, el cuerpo va perdiendo la capacidad de producir, lo que hace que pase de la adultez a la vejez. En él se van evidenciando los límites, por lo que se encuentra con mayor apertura el camino para que se experimente la permanencia de la vida interior. En los últimos años de vida natural, el cuerpo anciano es débil y disminuye su disposición para algunas de las facultades hasta llegar a la pérdida de la vida natural recibida.

En cada uno de estos momentos vitales, la persona dispone de su cuerpo libremente; no obstante, el sentido de cada etapa es la vida de la persona en coexistencia y amor personal. Por ello, ninguna es desdeñable o más valiosa que otra, pues en todas se manifiesta la vida personal.

Conclusiones

El cuerpo de la persona humana tiene una estrecha relación con la identidad personal. Esto trae por consecuencia que, en el modo en que la persona significa su cuerpo, se significa a sí misma, y en el modo en que se identifica, comprende también el sentido de su corporalidad. Ahora, la tarea de aproximarse a esta temática filosófica es de las más difíciles de abordar metódicamente de una manera que reintegre la visión de la persona humana para relanzarla al más amplio espectro de su significado, tanto en la propia naturaleza como en la propia biografía y mucho más, en el proyecto personal de vida.

Una de las manifestaciones de la crisis en el significado del cuerpo más evidentes en la panorámica actual es que se niegan las distinciones corporales evidentes, principalmente lo que respecta al varón y mujer. La cultura principalmente occidental ha sido invadida de esfuerzos por rechazar la dualidad sexual humana. En el marco de la neutralidad como el ideal, la realidad familiar pierde fundamento y sentido.

El rechazo al significado de la dualidad complementaria, en última instancia, es el rechazo a la paternidad porque la fecundidad humana se funda en ella. Si el cuerpo se comprende no en su naturaleza desde una visión antropológica, sino enmarcado en las nociones socioeconómicas, el cuerpo se vive como un objeto más del sistema mercantil. En el caos de la mercantilización del cuerpo, las facultades afectivas y apetitivas pierden norte. La unión papá y mamá modela el cauce por el cual conducir dichas funciones. Los valores que la relación papá-mamá encarnan dan sentido para la educación de la relación de la persona con el placer y los afectos. Si la persona carece de la unión complementaria de varón y mujer en su origen y educación, los apetitos y afectos se desorganizan a tal grado que operan de un modo contraproducente para la persona que los padece.

La noción de la propia corporalidad, ya sea como herramienta útil del mercado o como organismo de pulsiones, pone a los hijos en la aterradora dicotomía de tomar como referente de identidad la omnipotencia de una entidad sistemática absorbente, esto es, el capitalismo, o bien, los fuerza a ser implacables de sus impulsos. Con una profunda incertidumbre acerca de quiénes son y de qué significa la disposición a su propia corporalidad, las personas se vuelven cada vez más incapaces de acceder a la dimensión conyugal y parental del cuerpo.

En última instancia, las distinciones corporales han perdido significado porque el enfoque antropológico moderno niega el significado de la naturaleza humana misma. La indagación analítica rompe con la universalidad propia del pensamiento clásico. El método cientificista abre campo al hallazgo de cada vez más datos sobre el cuerpo. Sin embargo, éstos se suman a una cosmovisión fragmentada en la que la existencia del ser humano del mundo no halla sentido. Así, el modo de ser corporales, aun cuando se extiende la cantidad de información biológica, genética, morfológica y en general tecnológica, no parece significar nada en el proyecto vital humano. Además, a la luz de la modernidad el hombre es un individuo, y si al cuerpo se le trata de entender desde el uno, la dualidad no tiene ningún sentido.

Finalmente, se llega a la conclusión más importante: el carácter filial de la vida de la persona humana no se reduce al hecho de recibir la vida transmitida de padre y madre. Una antropología abierta a la Revelación Cristiana se enriquece si acepta que la persona humana es antes que nada hijo, pues es quien recibe vida. De ser así, el ateísmo, consecuencia del método moderno, conduce al rechazo del carácter filial de la vida. El cuerpo del hombre, que se supone hijo de sus propias obras, carece de significado y sentido; de esa manera, vive desbocado en dos direcciones: hacia dentro, a los impulsos apetitivos y afectivos, y hacia fuera, como un objeto más de compra venta.

Se puede decir que la filosofía moderna va desde el siglo XVII al XIX, a partir de Descartes cuyas consecuencias se manifiestan en el XX. Antropológicamente, funda su radical en una cosmovisión ególatra que gira alrededor de un individuo, asimismo, autónoma, independiente y autosuficiente, por lo que se emancipa de la metafísica y sus principios.

De dicho planteamiento devienen consecuencias importantes en la comprensión del cuerpo, pues el contexto del que nace la obra cartesiana desencarna la vida humana porque objetiviza la corporalidad, con lo cual se mecaniza la vida y esclaviza a la persona a sus propias producciones. Posteriormente, se puede ver que el método pretende autofundamentar la razón y al cuerpo como dos realidades, además, distintas. Tras las desilusiones del racionalismo y de los materialismos, las consecuencias últimas del método analítico terminan por reparar en el sujeto, en la subjetividad asumida como consciencia trascendente. Con esto se logra distinguir al cuerpo vivo del cuerpo vivido; sin embargo, el método epistemológico no logra superar el límite de la razón, por lo que no se alcanza a fundamentar a la persona adecuadamente, en cambio, se diluye y el cuerpo se pierde en el devenir de la experiencia.

En síntesis, en la modernidad, la gnoseología o el pensamiento mismo pasa a cumplir la función de fundamento. Con el consiguiente olvido del fundamento real, que en el pensamiento clásico es el ser propio de cada cosa, la gnoseología sustituye a la ontología y se constituye a sí misma en filosofía primera. Si el dictamen no es totalmente equívoco, un primer acercamiento para resolver la crisis consiste en regresar las cosas a su lugar.

En ese sentido, la razón humana es sólo una parte del hombre, el hombre es parte de la realidad y la realidad no depende del conocimiento humano. Para una mejor aproximación al problema del cuerpo, es necesario revivir la primacía de la ontología sobre la epistemología. La metafísica, disciplina soberana de la filosofía clásica, es el método que precisamente enfoca sus esfuerzos en la realidad y el fundamento de cuanto existe.

La primacía de la ontología sobre la gnoseología es una consideración que establece la distinción entre los diversos sentidos del ser. Dado que en el pensamiento clásico se mueve en las categorías de materia y forma, esencia y existencia, de acto y potencia, al cuerpo se le comprende desde esas coordenadas. Dentro de lo más importante, son tres los aspectos del cuerpo que se consiguen a partir del radical clásico. El primero es que el modo de ser cuerpo tiene un sentido claro respecto a su naturaleza que es humanizarse; es decir, conformarse, manifestar al alma. El enfoque metafísico enraíza al cuerpo en la vida humana. El segundo aspecto es que el cuerpo, como compuesto de la entidad en cuanto a su origen, es potencia, es posibilidad, lo cual arraiga al hombre en el cosmos y le da un carácter histórico y biográfico. Finalmente, el cuerpo da razón de la diferencia sexual y, dado que se trata de una diferencia de carácter necesario, no puede considerarse como accidental. La distinción de varón y mujer es esencial, afecta la vida humana en todos sus modos de operar; sin embargo, no quiere decir que existan dos naturalezas humanas, sino que da razón suficiente para afirmar que la naturaleza humana es dual.

La noción de naturaleza humana propone muy buenos ejes respecto a la historicidad de la vida y el cosmos. Además, propone coordenadas básicas para fundar las distinciones corporales, principalmente la de varón y mujer. No obstante, es el aspecto íntimo el que queda al margen, pues no pueden hacerse definiciones de lo distinto e irrepetible, radicalmente novedoso y sin precedente. La realidad es que cada quien irrumpe abruptamente en la historia humana y por esa razón es discontinua, al estar formada por novedades radicales. De esta manera, la cosmovisión metafísica no alcanza para vidas libres.

Lo común en los hombres es la naturaleza humana y lo distinto es la persona. Así, la distinción entre personas es personal, no natural; por consiguiente, las distinciones corporales humanas no son solamente naturales y más bien se encuentran abiertas a la vida de cada quien. Esto implica que lo propio de la humanidad está en función de la persona humana y cada una subordina la naturaleza humana. La libertad y el amor son lo más digno del hombre; partiendo de ahí, es de donde se puede ampliar el significado de la vida de las personas y, por tanto, de su cuerpo.

Una antropología trascendental es posible si se abandonan los límites mentales a los que se cierne la metafísica. Desde esta perspectiva, el cuerpo no está finalizado por su propia naturaleza, razón por la cual no se entiende únicamente desde la necesidad, pero tampoco se encuentra en total disposición de la subjetividad. Resulta necesario superar los límites mentales para alcanzar lo trascendental de la persona humana, de modo que alumbre el sentido de la vida *corporal* como una fuente inagotable de la que cada quien se encuentra en disposición para la vida a la que ha sido convocado.

Ahora bien, la noción de persona es cristiana. Su distinción puede rastrearse hasta la patrística griega y uno de sus autores más importantes es Gregorio de Nisa. Más tarde, la indagación acerca de la persona cobra madurez con Tomás de Aquino, donde se desarrolla teniendo en cuenta la distinción de ser y esencia. Finalmente, Leonardo Polo propone dualidades trascendentales del ser personal, cuyo distintivo radical es la libertad y el amar. La primera consecuencia relevante, al distinguir la dualidad naturaleza-persona, es que el cuerpo da cuenta del comienzo de una persona en el tiempo. Pero eso no implica que se le pueda reducir al orden metafísico, ni mucho menos a la interpretación psicológica que la persona va haciendo de la vida y de la historia. El cuerpo de cada quien, como la persona que lo encarna, no se explica en las coordenadas de la necesidad, de la causa y el efecto, del acto y la potencia, sino en los ejes antropológicos de la libertad, de la novedad.

El sentido de la persona en el tiempo tampoco se encuentra obturado por fines, al contrario, es abierto a la vida personal, de forma que el cuerpo se encuentra en disposición de la destinación libre. Lo propio de la persona humana desde su cuerpo es unirse de las siguientes maneras: al cosmos haciéndolo hogar; a los demás hombres organizándose en comunión personal; con los demás hombres con Dios, y en lo más íntimo de su movimiento, con Dios. Es decir, en lo más hondo del significado del cuerpo, no es ideal de unidad del conocimiento ni del ser, sino que siempre está por alcanzarse: es una tarea que cada quien debe emprender esperanzadamente.

A la luz de estas novedosas coordenadas antropológicas, ser varón o mujer es un don preciso de aceptar, es una convocatoria a la existencia por parte de alguien, con un sentido íntimo, libre y amoroso. A partir de la concepción, la vida humana tiene un legado de tres dimensiones, la primera es innata, la vida biológica o recibida de los padres. La segunda se trata del proceso de apropiación de la persona de su vida natural y el modo en que la va añadiendo; es la vida en disposición de la esencia de la persona. Finalmente, está lo más profundo de la identidad personal, el quién que dispone de los otros dos niveles. Pues bien, ese quien personal y sus dimensiones alumbran la corporalidad y le amplían el sentido; no únicamente respecto a la dualidad varón y mujer, desdeñada en la actualidad, sino en toda su distinción personal.

El sentido de la vida personal es una convocatoria que le es ofrecida a cada quien como proyecto novedoso en coexistencia con el Creador, con las demás personas humanas y con el mundo. Sin embargo, la vía no es abstracta, por el contrario, se encuentra inmersa en la vida histórica porque la persona comienza a existir al *encarnar*. El sentido último del cuerpo de cada quien parte de la aceptación, es un acto enteramente libre a la vocación divina. La persona va perfeccionando su vida recibida en el cuerpo y la vida añadida mediante sus funciones superiores en tanto viva sanamente y vaya siendo más virtuoso.

Sin embargo, la elevación de la persona misma solamente la otorga su Padre, en la medida que la persona acepta libremente dicho don. Esto quiere decir que el significado del cuerpo es filial y, en última instancia, es la disposición del hijo a aceptar la Vida del Padre. Es la encarnación de un llamado Divino a la Vida y lo más propio de la persona para con su cuerpo es el continuo aceptarse hijo de su Padre.

Ahora bien, la filiación divina es condición para que al hombre se le diga quién es si acepta el don que él mismo es. Aceptarlo consiste en aceptarse correspondiendo a la vocación divina.

Asimismo, la coexistencia con Dios como hijo del Padre es el modo en que la persona conocerá a su propio hijo. La experiencia de la apertura del cuerpo al reconocimiento y aceptación que la persona busca en papá y mamá se comprenderá a la luz de la apertura a ese reconocimiento que cada uno como hijo busca en Dios. Por tanto, la paternidad humana se abre al sentido del encuentro con el hijo con base en la propia condición de hijo de Dios. La filiación divina será clave para que papá y mamá puedan aceptar a la persona de su hijo como don y corresponder a la sonrisa piadosa frente al cuerpo del hijo con el dar, lo cual corresponde a la mirada de la paternidad humana inspirada en el dar de Dios.

La dualidad complementaria natural de varón y mujer no es suficiente para significar el signo de la filiación propia del cuerpo. El ámbito del hijo es también itinerario de papá y mamá. No se puede ser padre si no se acepta la propia condición de hijo. Si se abren los ojos a los trascendentales personales, en cuanto hijo de Dios, la persona se revela abierta a Dios, dependiente de Él libremente, y en indagación creciente y amorosa aceptando su Paternidad, la cual radica en adjudicarse la vocación que el Padre le ha encomendado, si libremente lo desea. Esto quiere decir que, a nivel trascendental, la vinculación filial de la creatura humana con su Creador como padre es libre.

Por otro lado, si se atiende a los trascendentales antropológicos, en cuanto padre humano, la persona descubre en su filiación el modo de coexistir con su hijo. De esa forma, da cuenta de la dependencia parcial del hijo respecto de sí, para aceptar crecientemente la libertad personal del hijo. En la búsqueda personal de su propio sentido, el padre humano comprende, amorosamente, que dar como padre consiste en brindar al hijo lo que esté en sus manos para que él mismo pueda descubrir su sentido personal.

Así pues, el cuerpo personal es *filial*, lo que significa la aceptación del llamado a la existencia que el Padre va convocando amorosamente con cada quien; de esa forma, el cuerpo manifiesta vocación divina. La dualidad complementaria natural, varón y mujer, es signo del sentido familiar del cuerpo y de la vida humana; sin embargo, el carácter filial al que todo cuerpo refiere, al hecho de ser hijo, es signo de que la vida personal va coexistiendo con el cosmos, con las demás personas y sobre todo es libertad creciente abierta a la elevación del Padre.

Referencias

American Psychiatric Association de Washington, *Manual Diagnóstico y estadístico de los trastornos mentales*, 4a. ed., Barcelona, Masson, 2003.

Anatrella, Tony, *El sexo olvidado*, Maliaño, España, Sal Terrae, 1994.

______, *La diferencia prohibida. Sexualidad educación y violencia. La herencia de mayo de 1968,* Madrid, Ediciones Encuentro, 2008.

______, *Contra la sociedad depresiva*, Maliaño, España, Sal Terrae, 1994.

Angrist, Misha y Robert Cook-Deegan, "Who Owns the Genome?". *The New Atlantis: A Journal of Technology & Society*, 11 (invierno, 2006), pp. 87-96.

Aristóteles, *De anima* (intr., trad. y ns. Tomás Calvo Martínez), Madrid, Gredos, 2000.

______, *Historia de los animales* (intr. Carlos García Gual, trad. y ns. Julio Pallí Bonet), Madrid, Gredos, 1992.

______, *Investigación sobre los animales* (intr., trad. y ns. Tomás Calvo Martínez), Madrid, Gredos, 2000.

______, *Metafísica* (intr., trad. y ns. Tomás Calvo Martínez), Madrid, Gredos, 2000.

Audí Parera, Laura, Cristina Azcona San Julián, Jesús Barreiro Conde *et al.*, "Anomalías del desarrollo sexual. Desarrollo sexual diferente". *Protoc diagn ter pediatr*, 1 (2019), pp. 1-19.

Bauman, Zygmunt, *Ética posmoderna*, Argentina, Siglo XXI, 2004.

Beauvoir, Simone, *El segundo sexo* (trad. Juan García Puente), Buenos Aires, Sudamericana, 2007.

Benedicto XVI, "Educar a los jóvenes en la justicia y la paz. Mensaje Papal". La Santa Sede (1 de enero, 2012) [en línea]: https://www.vatican.va/content/benedict-xvi/es/messages/peace/documents/hf_ben-xvi_mes_20111208_xlv-world-day-peace.html [Consulta: 30 de julio, 2021].

Bitocchi, Gustavo, "El cuerpo de Adán en Tomás de Aquino". *Revista Chilena de Estudios Medievales*, 14 (2018), pp. 8-18.

Brewerton, Timothy, "Eating Disorders, Trauma, and Comorbidity: Focus on PTSD". *Eating Disorders*, 15 (2007), pp. 285-304.

Bruch, Hilde, *La jaula dorada: El enigma de la anorexia nerviosa*, Barcelona, Paidós, 2001.

Buber, Martin, *¿Qué es el hombre?*, México, FCE, 1990.

_______, *Yo y tú*, Madrid, Caparrós Editores, 1993.

Buda, Carmine, "Evolución del concepto de persona". *Revista de Filosofía*, 15 (1956), pp. 243-259.

Butler, Judith, *Cuerpos que importan: sobre los límites materiales y discursivos del "sexo"*, Buenos Aires, Paidós, 2002.

Castello, Julio A., "Hombre y naturaleza en Tomás de Aquino". *Veritas: revista da Pontificia Universidade Catolica do Rio Grande do Sul*, 3, 44 (septiembre 1999), pp. 621-632.

Castilla, Blanca, *La complementariedad varón-mujer. Nuevas hipótesis*, Madrid, Rialp, 2a. ed., 1996.

_______, "Family Character of the Person". *Journal of Polian Studies*, 3 (2016), pp. 103-131.

_______, *Mujer ¿quién eres? Antropología de la coidentidad esponsal*, Piura, Universidad de Piura, 2020.

_______, *Persona femenina, persona masculina*, 2a. ed., Madrid, Rialp, 2004.

_______, *Trabajo, familia y desarrollo social, Matrimonio, familia y vida*, Pamplona, EUNSA, 2011, pp. 277-302.

Castilla, Blanca y Pedro Juan Viladrich, *Antropología del amor. Estructura esponsal de la persona*, Pamplona, EUNSA, 2019.

Castillo, Genara, "El tiempo humano y la virtud ética como modo de ganar tiempo". *Studia Poliana*, 12 (2010), pp. 117-127.

Chesterton, Gilbert Keith, *Herejes* (trad. Stella Mastrangelo), Barcelona, Acantilado, 2007.

Colomer, Eusebi, *El pensamiento alemán de Kant a Heidegger. El postidealismo: Kierkegaard, Feurerbach, Marx, Nietzsche, Dithley, Husserl, Scheller, Heidegger*, Barcelona, Herder, t. 3, 1990.

Conill, Jesús, "La subjetividad desde el cuerpo en Nietzsche. Una fuente de inspiración del pensamiento español contemporáneo". *Quaderns de filosofía*, 1, II (2015), pp. 61-78.

Consejo Nacional para Prevenir la Discriminación, "Glosario de la diversidad sexual, de género y características sexuales" (2016) [en línea]: https://www.gob.mx/cms/uploads/attachment/file/225271/glosario-TDSyG.pdf [Consulta: 18 de marzo, 2020].

Crichton, Michael, "Patenting Life". *The New York Times* (13 de febrero, 2007), sec. Opinion.

Cruz, Juan, "Cicerón. De la ley a la virtud". *Anuario Filosófico*, XXIV, 2 (2001), pp. 261-268.

Damasceno, Juan, *De fide orthodoxa*, II, 12, (PG MG, 44, 924, B).

Danto, Arthur, *After the end of art: contemporary art and the pale of history; H. Belting, The end of the history of art?*, Princeton, Princeton University Press, 1997.

Denzinger, Enrique, *El magisterio de la Iglesia*, Barcelona, Herder, 1999.

Descartes, René, *Meditaciones metafísicas con objeciones y respuestas* (intr., trad. y ns. Vidal Peña), Madrid, Alfaguara, 1977.

Dio Bleichmar, Emilce, "Anorexia-bulimia. Un intento de ordenamiento desde el enfoque Modular-Transformacional". *Revista Internacional de Psicoanálisis: Aperturas Psicoanalíticas*, 4 (2000).

_______, *El feminismo espontáneo de la histeria. Estudio de los trastornos narcisistas de la feminidad*, 2a ed., México, Fontamara, 1994.

_______, *La sexualidad femenina*, Barcelona, Paidós, 1997.

Dirección General de Educación Superior para Profesionales de la Educación, "Programa de formación curso-taller educación integral de la sexualidad en la escuela para formadores de docentes" [en línea]: https://www.dgespe.sep.gob.mx/web_old/esege/educacion_sexual_escuela [Consulta: 1 de julio, 2021].

Dolto, Françoise, *La imagen inconsciente del cuerpo* (trad. Irene Agoff), Barcelona, Paidós, 1986.

_______, *Sexualidad Femenina* (trad. Eduardo Prieto), Barcelona, Paidós, 1997.

Dörr, Otto, "Influencia de la familia en la patogénesis de la anorexia nerviosa". *Psiquiatría Antropológica. Contribuciones a una psiquiatría de orientación fenomenológico- antropológica. Anales de la Universidad de Chile* (1997), pp. 411-422.

Espina, Alberto, "La figura del padre en los trastornos de la conducta alimentaria". *Familia: Revista ciencias y orientación familiar*, Universidad Pontificia de Salamanca, 31 (2005), pp. 35-50.

Fabro, Cornelio, *Tomismo e pensiero moderno*, Roma, Pontificia Università Lateranense, 1969.

Feuerbach, Ludwig, *La esencia del cristianismo. Crítica filosófica de la religión*, México, Juan Pablos Editor, 1971.

Filippi, Silvana, "El alma unida al cuerpo es más semejante a Dios. Reflexiones sobre el rol de la corporeidad en la antropología tomista". *Enfoques*, 2, XXIV (2012), pp. 53-62.

Firenze, Antonino, "El cuerpo en la filosofía de Merleau-Ponty". *Daimon. Revista Internacional de Filosofía*, Suplemento, 5 (2016), pp. 99-108.

Foucault, Michel, *Historia de la sexualidad I. El uso de los placeres*, y *II. La inquietud de sí*, México, Siglo XXI, 1986.

______, *Las palabras y las cosas. Una arqueología de las ciencias humanas*, México, Siglo XXI, 1969.

Frankl, Viktor, *Logoterapia y existencialismo*, México, FCE, 1991.

Freud, Sigmund, *El malestar de la cultura*, Madrid, Ediciones Akal, 2017.

______, *Obras completas*, Madrid, Biblioteca Nueva, 1996.

Fuchs, Thomas, *Ecology of the Brain. The Phenomenology and Biology of the Embodied Mind*, Oxford, Oxford University Press, 2018.

Gallo, Luz Elena, "El ser corporal en el mundo como punto de partida en la fenomenología de la existencia corpórea". *Pensamiento Educativo*, 38 (julio 2006), pp. 46-61.

Gómez Arboleya, Enrique, "Sobre la noción de persona". *Revista de Estudios Políticos*, 47 (septiembre-octubre, 1949), pp. 104-116.

González, Ángel Luis, *Ser y participación. Estudio sobre la cuarta vía de Tomás de Aquino*, Pamplona, EUNSA, 1979

Góricheva, Tatiana, *La fuerza de la locura cristiana. Mis experiencias*, Barcelona, Herder, 1988.

Gracián, Baltasar, *El criticón*, Madrid, Cátedra, 1980.

Gregorio de Nisa, *Canticum canticorum homiliae*, 6.

Guardini, Romano, *The End of the Modern World*, Delaware, ISI Books, 1998.

Habermas, Jürgen, *Teoría de la acción comunicativa*, Madrid, Taurus, 1992.

Hadhadj, Fabrice, *La profundidad de los sexos. Por una mística de la carne*, Granada, Encuentro, 2010.

_______, *¿Qué es una familia? La trascendencia en paños menores y otras consideraciones ultrasexistas*, Granada, Nuevo Inicio, 2015.

Hartmann, Nicolai, *Il problema dell´essere spirituale*, Firenze, La Nuova Italia, 1971.

Harvey, William, *Exercitationes Duae Anatomicae De Circulatione Sanguinis Ad Joannem Riolanum filium*, Rotterdam, Arnold Leers, 1649.

Henry, Michel, *Encarnación. Una filosofía de la carne*, Salamanca, Sígueme, 2001.

Husserl, Edmund, *Ideas relativas a una fenomenología pura y una filosofía fenomenológica*. Libro II, Investigaciones filosóficas sobre la constitución, México, FCE, 2005.

Juan Pablo II, *La redención del corazón. Catequesis sobre la pureza cristiana* (pról. José Luis Illanes), Madrid, Palabra, 2002.

_______, *Matrimonio, amor y fecundidad. Catequesis sobre la redención del cuerpo y la sacra-mentalidad del matrimonio,* Madrid, Palabra, 1998.

_______, *Mi visión del hombre*, Madrid, Palabra. 2003.

_______, *Varón y mujer. Teología del cuerpo*, Madrid, Palabra, 2003.

Kant, Immanuel, *Crítica de la razón práctica,* México, FCE, 2005.

Kierkegaard, Sören, *La época presente*, Santiago, Editorial Universitaria, 2001.

Klages, Ludwig, *Der Geist als Widersache der Seele (El espíritu como adversario del alma),* Leipzig, Johann Ambrosius Barth, 1932.

Klein, Melanie, "Los efectos de las situaciones tempranas de ansiedad sobre el desarrollo sexual de la niña", en *Obras completas*, Barcelona, Paidós, t. 2, 2005, pp. 206-249.

Laín Entralgo, Pedro, *El cuerpo humano. Teoría actual*, Madrid, Espasa-Calpe, 1989.

Lakatos, Imre, *Historia de la ciencia y sus reconstrucciones racionales*, Madrid, Tecnos, 1970.

Lévinas, Emmanuel, *De otro modo que ser o más allá de la esencia*, Salamanca, Ediciones Sígueme, 1995.

_______, *Entre nosotros. Ensayo para pensar en otro*, Valencia, Pre-Textos, 1993.

Llano, Carlos y Leonardo Polo, *Antropología de la acción directiva,* Pamplona, EUNSA, 2004.

Lorenz, Konrad, *Civilized man's eight deathly sins*, Nueva York, Harcout, 1974.

_______, *The Waning of Humaneness*, Boston, Little Brown, 1983.

Marcel, Gabriel, *Filosofía concreta* (trad. Alberto Gil Novales), Madrid, Revista de Occidente, 1959.

_______, *Ser y tener*, Madrid, Caparrós Editores, 1996.

_______, *El misterio del ser*, Buenos Aires, Sudamericana, 1953.

Marías, Julián, *Antropología metafísica*, Madrid, Revista de Occidente, 1973.

Marx, Karl, *El capital*, Tomo 1, 2a. ed., México, FCE, 1995.

Marx, Karl y Friedrich Engels, *El manifiesto comunista*, Barcelona, Península, 2017.

Maturana, Andrea, "Trastornos de la conducta alimentaria en niños y adolescentes", en Carlos Almonte y María Elena Montt (eds.), *Psicopatología infantil y de la adolescencia*, Santiago, Mediterráneo, 2003, pp. 429-444.

Mc Dougall, Joyce, *Las mil y una caras de eros. La sexualidad humana en busca de soluciones* (trad. Jorge Piatigorky), Buenos Aires, Paidós, 1998.

Méndez, Víctor Hugo, "El cuerpo sexuado en los diálogos de Platón". *Daimon. Revista Internacional de Filosofía, Suplemento*, 5 (2016), pp. 109-118.

Merleau-Ponty, Maurice, *Lo visible y lo invisible*, Buenos Aires, Ediciones Nueva Visión, 2010.

Millán Puelles, Antonio, *Fundamentos de filosofía*, 12a. ed., Madrid, Rialp, 1985.

Ministerio de Educación de Argentina, "Programa Nacional de Educación Sexual Integral (ESI)" [en línea]: https://www.argentina.gob.ar/educacion/esi [Consulta: 1 de julio, 2021].

Miralbell, Ignacio, "La herencia escotista en la filosofía política moderna". *Ideas y Valores*, 163, 66 (2017).

Monod, Jacques, *El azar y la necesidad. Ensayo sobre la filosofía natural de la biología moderna* (trad. Francisco Ferrer Lerín), Barcelona, Tusquets, 1970.

Moreno, Antonio y Germán Scalzo, *Entre don y contrato. Una historia de la comprensión del matrimonio*, Pamplona, EUNSA, 2019.

Mounier, Emmanuel, *El personalismo*, Madrid, Acción Cultural Cristiana, 1997.

Murillo, Juan Ignacio, "Leonardo Polo and the Mind-Body Problem". *Journal of Polian Studies*, 1 (diciembre, 2014), pp. 79-93.

Nancy, Jean-Luc, *Corpus*, Madrid, Arena Libros, 2003.

Nédoncelle, Maurice, *Personne humaine et nature. Étude logique et métaphysique*, París, Eubier, 1963.

Nietzsche, Friedrich, *Más allá del bien y del mal. Anticipo de una filosofía futura* (intr. y ns. Luis Benítez), Buenos Aires, Ediciones Lea, 2015.

Organización de las Naciones Unidas, "Naciones Unidas. Lenguaje inclusivo en cuanto al género" [en línea]: https://www.un.org/es/gender-inclusive-language/ [Consulta: 31 de julio, 2021].

Ortega y Gasset, José, *El hombre y la gente*, Madrid, Revista de Occidente, 1980.

Papa Francisco, "Discurso a los embajadores de Kirguistán, Antigua y Barbuda, Luxemburgo y Botswana". La Santa Sede (16 de mayo, 2013) [en línea]: https://www.vatican.va/content/francesco/es/speeches/2013/may/documents/papa-francesco_20130516_nuovi-ambasciatori.pdf [Consulta: 30 de julio, 2021].

Piá Tarazona, Salvador, "El carácter filial de la co-existencia humana", en Juan J. Borobia-Miguel, José I. Lluch y Eduardo Murillo (eds.), *Idea cristiana del hombre, Actas del III Simposio Internacional sobre fe cristiana y cultura contemporánea* (Instituto de Antropología y Ética de la Universidad de Navarra, 22-23 de octubre, 2001), Pamplona, EUNSA, 2002, pp. 211-219.

Polo, Leonardo, *Antropología trascendental I-II*, Pamplona, EUNSA, 1999-2003.

______, *Ayudar a crecer. Cuestiones de filosofía de la educación*, Pamplona, EUNSA, 2006.

______, *Curso de teoría del conocimiento*, EUNSA, Pamplona, t. IV/2, 1996.

______, *Curso de teoría del conocimiento*, Pamplona, EUNSA, 3a. ed., v. II-III, 1998.

______, *Epistemología, creación y divinidad*, Pamplona, EUNSA, 2014.

______, *La persona humana y su crecimiento*, Pamplona, EUNSA, 1996.

______, *Presente y futuro del hombre*, Madrid, Rialp, 1993.

______, *Quién es el hombre. Un espíritu en el tiempo*, 3a. ed., Madrid, Rialp, 1993.

______, *Sobre la existencia cristiana*, Pamplona, EUNSA, 1996.

Ratzinger, Joseph, *Mirar a Cristo. Ejercicios de fe, esperanza y amor*, Valencia, EDICEPI, 2005.

Reimers, Adrian, *Truth about the Good: Moral Norms in the thought of Karol Wojtyła - John Paul II*, Florida, Sapientia, 2010.

Reyes, Jorge Armando, "Importancia y repercusiones del pensamiento de Dilthey en la hermenéutica filosófica del siglo XX". *Revista Filosofía de la Universidad de Los Andes*, 23 (2012), pp. 98-113.

Ricoeur, Paul, *Sí mismo como otro*, México, Siglo XXI, 2006.

Rodríguez-Sedano, Alfredo, "Co-existencia e intersubjetividad". *Studia Poliana*, 3 (2001), pp. 9-33.

Rosales, Diego, *Reivindicación del cuerpo en la ética contemporánea. Investigaciones fenomenológicas sobre la corporalidad*, México, Tirant lo Blanch, 2020.

Rosellini, Roberto, *El cine revelado*, Barcelona, Paidós, 2000.

Sakharov, Andréi, *Progress, Coexistence and Intellectual Freedom*, Nueva York, The New York Times Co., 1968.

San Agustín, *Confesiones* (trad. Eugenio de Zeballos), Barcelona, Iberia, 1957.

Sartre, Jean Paul, *El ser y la nada. Ensayo de ontología fenomenológica* (trad. Juan Valmar), 9a. ed., Buenos Aires, Losada, 1993.

Scheler, Max, *El puesto del hombre en el cosmos*, Barcelona, Alba, 2000.

______, *Esencia y formas de la simpatía*, 3a. ed., Buenos Aires, Losada, 1957.

______, *Ética. Nuevo ensayo de fundamentación de un personalismo ético*, Madrid, Caparrós Editores, 2001.

Schulz, Walter, *El Dios de la metafísica moderna*, México, FCE, 1961.

Schütz, Christian y Rupert Sarach, *El hombre como persona*, en Johannes Feiner y Magnus Lóhrer (dir.), *Mysterium Salutis*, Benziger Verlag, Einsiedeln, 1965. *Mysterium Salutis. Manual de Teología como Historia de la salvación* (trad. Guillermo Aparicio y Ángel Sáenz-Badillos), Madrid, Cristiandad, T. II, 1970.

Sellés, Juan Fernando, *Antropología de la intimidad. Libertad, sentido común y amor personal*, Madrid, Rialp, 2013.

______, *Antropología para inconformes*, Madrid, Rialp, 2006.

______, *Intuición y perplejidad en la antropología de Scheler*, Pamplona, Servicio de Publicaciones de la Universidad de Navarra, 2009.

______, "La aporía de las 'antropologías totalizantes' como pregunta a los teólogos". *Salmanticensis*, vol. 57, fasc. 2 (2010), pp. 273-297.

______, *La antropología trascendental de Maurice Nédoncelle*, Madrid, Ápeiron, 2015.

Selvini, Mara, *Self-Starvation. From Individual to Family Therapy in the treatment of Anorexia Nervosa*, Nueva York, Jason Aronson, 1985.

Spaemann, Robert, *Personas*, Pamplona, EUNSA, 2000.

Stein, Edith, *La estructura de la persona humana*, Madrid, BAC, 2007.

______, *¿Qué es filosofía?* II. Los problemas de la subjetividad, Burgos, Monte Carmelo, 2005.

______, *Ser finito y ser eterno*, México, FCE, 1994.

Tischner, Josef, *Ética de la solidaridad*, Madrid, Encuentro, 1983.

Tomás de Aquino, *Corpus Thomisticum*, Pamplona, Universidad de Navarra, 2000.

______, *De Ente et Essentia*, Roma, EDUSC, 2019.

Tomás de Aquino, *De Potentia* (trad. Ángel Luis González y Enrique Moros), Pamplona, Cuadernos de Anuario Filosófico, 2001.

Toronto District School Board, "Sexual Health Curriculum" [en línea]: https://www.tdsb.on.ca/ward13/Ward-13/Sex-Education-Curriculum [Consulta: 1 de julio, 2021].

Vargas, Alberto, *Genealogía del miedo. Un estudio antropológico de la modernidad desde Leonardo Polo,* Pamplona, Servicio de publicaciones de la Universidad de Navarra, 2017.

______, *Ser y don. Una teoría antropológica del juego. Genealogía del miedo. Un estudio antropológico de la modernidad desde Leonardo Polo*, Madrid, Sindéresis, 2020.

Vesalius, Andreas, *De Humani Corporis Fabrica: Basel, 1543*, Palo Alto, California, Octavo, 1998.

Von Hildebrand, Dietrich, *Hildebrand, El corazón. Un análisis de la afectividad humana y divina,* Madrid, Palabra, 1997.

______, *Las formas espirituales de la afectividad,* Madrid, Universidad Complutense, 1996.

Wojtyla, Karol, *Amor y responsabilidad,* Madrid, Palabra, 2008.

______, *El hombre y su destino*, Madrid, Palabra, 2003.

______, *Mi visión del hombre*, Madrid, Palabra, 2003.

Yepes, Ricardo, *Fundamentos de antropología. Un ideal de la excelencia humana*, Pamplona, EUNSA, 2009.

Zambrano, María, *Islas*, Madrid, Verbum, 2017.

En busca del cuerpo personal se imprimió
en la Ciudad de México, el 22 de octubre de 2021,
memoria litúrgica de San Juan Pablo II, papa,
en la Litográfica Ingramex, S. A. de C.V.
Centeno 162-1, Granjas Esmeralda, Iztapalapa,
C. P. 09810, Ciudad de México, México

www.ingramcontent.com/pod-product-compliance
Lightning Source LLC
LaVergne TN
LVHW091249190726
843491LV00001B/198

* 9 7 8 6 0 7 9 9 5 2 2 1 1 *